KB091443

안쌤,
영재들은
어떻게
공부해요?

SD에듀
시대교육(주)

나는 영재가 되고 싶고,
나는 영재 부모가 되고 싶다.

이 책을 펴내며

그동안 강의를 하면서 영재들을 꽤나 많이 만나 보았습니다. 아직까지 특출한 천재는 만나보지 못했지만, 학습적으로 뛰어난 학생들을 살펴보니 각자의 성향에 따라 조금씩 다른 학습 방법을 활용하고 있다는 것을 알 수 있었습니다.

저는 이 책을 통해 그러한 부분들을 정리해서 나누고자 합니다. 앞으로 아이들을 어떻게 키우고, 어느 방향으로 지도할지, 그리고 아이들의 잠재력을 어떻게 계발하여 영재성을 일깨울지에 대한 해답을 찾으실 수 있을 것입니다.

《안쌤, 영재들은 어떻게 공부해요?》는 제가 만났던 다양한 영재들의 이야기와 학습법을 부모님께 설명하는 유튜브 라이브 방송을 바탕으로 만들어졌습니다. 단순히 제가 알고 있는 것을 설명하는 것 외에도 라이브 방송에 참여하신 부모님께서 평소 품고 계시던 궁금증이나 각자의 아이들에 대한 이야기, 아이들에 대한 실제 사례를 함께 담았습니다.

이 책이 부모님과 이 시대의 영재가 될 아이들에게 많은 도움이 되었으면 좋겠습니다.

안쌤 영재교육연구소 대표 *안재범*

이렇게 해 보세요

영재의 기억법

영재는 어떻게 기억할까?

뇌에서 받아들인 정보를 저장하고, 다시 생각해 내는 것을 '기억'이라고 합니다. 사람의 기억은 무한하지 않으므로 쉽게 잊어버리기 때문에 글이나 사진, 동영상 등으로 기록을 남기지요. 그 기록을 살펴보면서 기억을 되살리기도 하고 중요한 내용을 여러 번 반복하여 기억함으로써 잊지 않기 위해 노력합니다.

사람의 기억은 보통 감각 기억, 단기 기억, 장기 기억으로 나뉩니다. 감각 기억은 오감에 의해 얻은 자극을 매우 짧은 시간 동안 저장하는 기억입니다. 많은 정보가 감각 기억을 통해 1~4초 정도 저장되었다가 그중 유의미한 일부가 단기 기억으로 저장됩니다. 단기 기억은 감각 기관으로 들어오는 정보를 통합합니다. 순간적인 메모지 역할을 하며, 계획이나 의도를 계속 유지하게 해 줌으로써 연속적인 행동을 가능하게 합니다. 그 때문에 단기 기억력이 좋지 않으면 학습 능력이 좋지 못한 경우가 많습니다. 단기 기억을 거쳐 오랫동안 저장되는 것들은 기억이라고 하고, 우리는 장기 기억에 저장되는 내용을 인출해서 활용합니다. 을 간직하는 능력인 기억력의 수준은 사람마다 다릅니다. 그렇다면 과연 은 어떻게 정보를 기억하는지 이야기해 보겠습니다.

44 안쌤, 영재들은 어떻게 공부해요?

첫 번째!

매 교시마다 안쌤이 설명하는 영재들의 학습법을 잘 읽어 보세요.
우리 아이에게 맞는 다양한 학습 노하우를 익힐 수 있습니다.

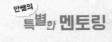

안쌤의 특별한 멘토링

▶ 영재들의 학습법 라이브 방송 Q & A

주요 채팅 다시보기

아이가 호기심이 많아요. '왜?'라는 질문이 많아요. 새롭게 만드는 것도 좋아하고요. 영재라고 생각해도 될까요?

└ 언급하신 내용 모두 다 영재의 특성입니다. 호기심과 질문이 많은 시기는 빠르면 5세, 6세, 좀 늦으면 초등학교 2~3학년 때쯤입니다. 질문이 많을 때는 부모님들에게 어느 정도 해결해 주어야 합니다. 새롭게 만드는 것을 좋아하는 특성은 창의융합형 인재의 기본적 자질이 있다는 것을 뜻하므로 잠재력을 충분히 이끌어 내주면 좋을 것 같습니다.

여러 가지를 좋아하는 아이는 영재이기 어려울까요?

└ 나이에 따라 조금씩 다른 것 같습니다. 여러 가지를 좋아한다는 것은 좋은 방향입니다. 그중 우선에게 집중해서 영재성을 기를 수 있기 때문입니다. 좋아하는 것 여러 가지 중에서 무엇인가를 깊이 하고 잘 수 있는 것을 찾으면 좋을 것 같습니다. 또한, 다양한 것을 좋아하면 다양한 지식을 받을 수 있는 가능성도 있다고 봅니다. 단순히 많은 지식을 알기보다는 많은 것들을 바탕으로 창의적으로 융합해서 새로운 가치를 끌어낼 수 있는 능력이 생기도록 인도하는 것이 중요할 것입니다.

개 눈에는 재능이 많아 보이는 아이라 어떤 방향으로 발전시켜주어야 할지 어려워요.

└ 재능이 많다는 것은 다르게 이야기하면 빠르게 습득을 한다'라고 생각할 수도 있습니다. 빠르게 습득한다는 것은 새로운 것들을 만들어 갈 수 있는 좋은 능력이기 때문에 무엇인가를 깊이 배우는 아이들은 영재일 가능성이 높습니다. 그러므로 이럴 때는 다양한 것들을 경험할 수 있게 해 주세요.

30 안쌤, 영재들은 어떻게 공부해요?

두 번째!

매 교시를 마무리하는 "안쌤의 특별한 멘토링"을 확인해 보세요.
아이의 잠재력을 계발하는 올바른 지도 방향을 배우고, 직접 활동으로 적용할 수 있습니다.

클래스101에서 최대 49,800원을 할인 받고
안쌤 영재교육연구소의 강의 및 4천여 개의 강의를 수강해 보세요!
QR 링크 접속 ▶ 클래스101 할인 구독 ▶ 안쌤 영재교육연구소 강의 신청

※ 안쌤 영재교육연구소의 강의는 2023년 6월 7일에 런칭되니 참고 부탁드립니다.

나의 수학 · 과학 학습 수준은?

※ 앞 단계까지의 문제를 풀고 기본 개념을 이해했는지 확인해 보세요. 다 풀었다면 문항, 심화 문제를 풀거나 심화
따라소로 선택을 할 수 있습니다. 틀린 못한 문제가 있다면 해당 단원을 다시 공부한 후 진도를 나가세요.

1 3학년 1학기 수학   정답 및 해설 20쪽

덧셈과 뺄셈

1. □+○+☆=15일 때, ♡에 알맞은 수를 구해 보세요.

```
        □   □
    +   ☆   ○   ○
    ─────────────
        ♡   ☆   3
```

평면도형

2. 표를 완성해 보세요.

도형	이름	변의 수(개)	꼭짓점의 수(개)
△			
▭			
⬠			
⬡			

148   안쌤, 영재들은 어떻게 공부해요?

세 번째!

아이와 함께 수학 · 과학 교과 문제
와 창의성 · 사고력 문제를 풀어볼
수 있습니다.
상세한 정답 및 해설과 채점 기준을
읽어보면서 학습 수준을 파악하고,
영재성의 기틀을 다져 보세요.

주요 과학 대회 개최 요강

전국과학전람회

- **(목적)** 과학기술에 대한 심도 있는 연구 활동을 장려하여 과학탐구심 향양 및 과학기
  술발전에 기여

- **(주최 · 주관)** 과학기술정보통신부/국립중앙과학관

- **(출품부문)** 물리, 화학, 생물, 지구 및 환경, 산업 및 에너지(SW · IT 융합 분야)* 포함)
  등 총 5개 부문('전국과학전람회규칙」 제4조)
  * SW 또는 IT 분야가 융합되어 있는 부분

- **(출품자격 및 형태)** 「전국과학전람회규칙」 제5조
  – (학생부) 전국 초 · 중 · 고 재학생(「초 · 중등교육법」 제2조에 의한 학교)
  – (교원 및 일반부) 유치원 · 초 · 중 · 고등학교 교원 및 일반인
  – 개인(1인) 또는 팀(2인 이상 3인 이내)으로 구성
     ※ 학생부 팀의 경우에는 교원 1인이 반드시 포함되어야 함
     ※ 1인 1 작품 출품을 원칙으로 하여, 최대 2점까지 출품가능하나 그중 1 작품은 반드시 단
       독 출품해야 함

- **(원서접수 및 심사 절차)** 홈페이지 참고
  – 원서접수 : 9월, 작품요약서(A4 1매), 작품설명서(A4 30쪽 이내) 출품
  – 1차(서면) 심사 : 9월~10월 초, 작품설명서요약서 포함)에 의한 서면심사

240   안쌤, 영재들은 어떻게 공부해요?

네 번째!

성격 유형별 학습법부터 주요 과학
대회 개최 요강, 영재교육원 진학
안내 등 영재교육 필수 정보를 총정
리하는 "부록"도 놓치지 마세요.

이 책의 차례

이 책을 펴내며   003

0교시 | Prologue
부모님께   010

1교시 | 영재의 조건
영재란?   020

영재교육에 대한 잘못된 상식 TOP 5   023

안쌤의 특별한 멘토링   030

2교시 | 영재의 인출 학습
영재의 기억법   044

1 기억해 볼까요?

2 기억법의 종류

3 인출 학습의 중요성

영재의 인출 학습   055

1 서울대학교 합격생의 인출 학습

2 초등학생 인출 학습

3 안쌤이 생각하는 효율적인 수업 모델

안쌤의 특별한 멘토링   070

3교시 | 영재의 사고력 자극 학습
아이의 사고력 발달 수준을 파악하는 방법   076

초등 저학년 사고력 학습에 필요한 것   084

기출문제로 보는 사고력 문제 접근 방법   091

안쌤의 특별한 멘토링   106

4교시 | 이공 계열 학습 전략 및 계획

초등학생 수학 · 과학 학습법   114
1 수학 학습법
2 과학 학습법
3 안쌤이 생각하는 자기 주도형 학습법

초등 영재교육원 진학   123
1 영재교육원의 의미
2 영재교육원에 가야 하는 5가지 이유
3 영재교육원 입시 활용하기
4 영재교육원 대비 학습 전략

중장기 학습 계획   135
1 수학 학습 계획
2 과학 학습 계획

안쌤의 특별한 멘토링   141

방과 후 | 워크북

나의 수학 · 과학 학습 수준은?   148
도전! 창의성 · 사고력 문제   180
정답 및 해설   201

부록

성격 유형별 학습법   232
주요 과학 대회 개최 요강   240
영재교육원 진학 안내   244
1 영재교육원 개관과 대비 전략
2 영재교육원 모집 요강
3 영재교육원 세부 절차 준비 요령

0교시

•

Prologue

부모님께

아이들의 행복을 위해 고민하는 부모님께

안녕하세요. 안쌤입니다.

먼저 부모님께 가벼운 질문을 던져보고자 합니다.

"아이들을 어떻게 키우고 싶으신가요?"

위 질문에 대해 생각하는 시간을 잠시 가져봅시다.

아이를 잘 키우고 싶지만, 우리 아이들은 부모님 마음도 모른 채로 공부는 뒷전이고, 무엇인가를 시키더라도 하는 척만 하다가 자기가 하고 싶은 일에만 관심을 보이기도 합니다. 이런 아이들을 어떻게 키우면 좋을까요?

꿈이 있는 아이,

인성이 좋은 아이,

생각하는 힘이 큰 아이,

하고 싶은 게 명확한 아이,

한국보다 넓은 세계를 바라볼 수 있는 아이,

유튜브 라이브 방송에 참여하셨던 부모님께서 이와 같이 다양한 대답을 해 주셨습니다. 여기에 공부도 잘하고, 상도 많이 받고, 말도 잘 듣는 아이라면 정말 좋지 않을까요? 그러다 보면 좋은 대학도 가고 좋은 직장도 가고, 나중에 결혼도 잘해서 가정을 꾸리고 행복하게 살 수 있을 것입니다.

앞선 질문에 대한 대답을 살펴본 이유는 이러한 답변이 왜 나왔을지에 대해 부모님께 다시 한번 묻고 싶기 때문입니다. 여기서 핵심은 과연 무엇일까요?

행복!

핵심은 바로 '행복'입니다. 부모님께서는 아이가 좋은 대학에 가도록, 좋은 직업을 가질 수 있도록 공부하게 하고, 학습법이나 입시에 관심을 두는 등 여러 노력을 합니다. 하지만 그러한 노력이 무색하게 요즘에는 좋은 대학을 나와도 직업이 없는 경우가 많고, 반대로 좋은 대학을 나오지 않았는데 좋은 직업을 갖는 경우도 있습니다. 이를 바탕으로 볼 때, 행복은 하고 싶은 게 명확해서 자기가 좋아하는 일을 하고, 자기 일을 즐기면서 보람 있게 살아가는 사람에게 있지 않은가 하는 생각이 듭니다.

행복하기 위해서는 어떤 직업을 가져야 하는가?

그렇다면 아이들이 좋아하는 일을 할 수 있는 직업에는 무엇이 있을까요? 부모님께서도 아이들에게 동기를 부여하기 위해 "너는 커서 무엇이 되고 싶니?"라며 장래 희망이나 미래에 갖고 싶은 직업에 관해 물어보실 때가 있을 것입니다. 더 나아가, 영재교육원을 준비하는 아이들은 보통 자기소개서를 작성하기 때문에 장차 하고자 하는 일이나 직업에 대해 구체적으로 생각하는 경우가 많습니다. 장래 희망에 대해 아이들이 많이 답하는 내용들은 다음과 같습니다.

제가 과학 수업을 많이 하다 보니 제가 맡은 아이 중에는 과학자가 꿈인 경우가 많습니다. 그다음으로는 변호사와 연예인을 많이 이야기하는데, 변호사는 왠지 돈을 많이 벌 것 같아서, 연예인은 인기를 얻을 수 있을 것 같아서 되고 싶다고 합니다. 최근에는 유튜브에서 맛있는 음식을 먹거나 멋진 여행지를 소개한다든지, 자신이 좋아하는 것을 하면서 즐겁게 일하고 싶다는 생각에 크리에이터가 되고 싶어 하는 경우도 있습니다. 이 밖에도 의사나 사업가가 되고 싶다고 말하기도 합니다.

아이들이 고른 직업은 다양하지만, 그 직업을 선택한 이유를 물어보면 대부분 "돈을 많이 벌고 싶기 때문"입니다. 그러나 그런 단순한 이유로 진로를 정하는 것이 맞을까요? 또한, 10년 또는 20년 후 아이들이 20~30대가 되었을 때 이 직업들로 계속 돈을 벌고 있을지는 미지수입니다. 적성에 맞지 않을 수도, 지속 가능하지 않은 직업일 수도 있기 때문입니다. 아이들은 학년이 높아질수록 자기 능력과 성향에 맞게 다른 직업을 선택할 가능성이 높습니다. 그럼, 미래에 아이들이 어떤 직업을 선택하는 것이 좋을지 생각해 보아야 합니다.

실제로 영재교육원 시험에도 이런 문제가 출제된 적이 있습니다.

미래에 사라질 가능성이 높은 직업은 무엇인가?

오픈에이아이(OpenAI, openai.com)가 개발한 대화 전문 인공 지능 챗봇 챗GPT가 공개 후 5일 만에 하루 이용자 수가 100만 명을 돌파하면서 전 세계적 돌풍이 불고 있습니다. 사용자가 질문하면 간단한 답변부터 논문 작성, 번역, 창작, 코딩 등 다양한 업무 수행이 가능하다고 합니다. 이러한 최첨단 시스템을 보면 언젠가는 인간을 대체할 수도 있겠다는 생각이 들기도 합니다.

직업	소멸 확률	직업	소멸 확률
텔레마케터	0.99	소매업자	0.92
시계 수선공		보험 판매원	
스포츠 심판	0.98	이발사	0.90
모델		제빵원	0.89
상점 계산원	0.97	버스 · 택시 기사	
전화 교환원		부동산 중개사	0.86
자동차 엔지니어	0.96	선원, 항해사	0.83
카지노 딜러		타이피스트	0.81
레스토랑 요리사		목수	0.72
회계, 감사	0.94	도서관 사서	0.65
웨이터, 웨이트리스		시장 조사 전문가	0.61
주차 요원			

※ 1에 가까울수록 일자리가 소멸될 위험이 높음.

▲ AI로 인해 위험에 처한 직업군

옥스퍼드 마틴 스쿨 프레이 교수의 〈고용의 미래(The Future of Employment)〉라는 논문에서 인공 지능으로 대체되거나 사라질 가능성이 높은 직업들에 대해 조사했고, 그중 텔레마케터, 시계 수선공, 스포츠 심판, 회계사, 택시 기사 등이 꼽혔습니다. 이 직업들은 예측 가능하고 반복적이며 창의성이 요구되지 않는 직업이기 때문에 앞으로 점점 사라질 것이라고 합니다.

이러한 현상에 대해 기술이 발달하면서 인공 지능이나 로봇 등이 사람들의 직업을 빼앗아 간다고 표현하기도 합니다. 하지만, '빼앗긴다.'라는 표현보다는 '더 나은 미래를 위해 변화가 생긴다.'라고 보는 것이 맞는 표현인 것 같습니다.

최근에 들은 지인의 이야기입니다. 조카가 치기공과를 졸업하여 치아 보철물을 수작업으로 만드는 치기공사가 되었으나, 요즘은 구강 스캐너로 치아를 스캔한 데이터를 활용하여 3D 프린터로 더 정교한 보철물을 만들 수 있어 현재 다른 직업을 찾고 있다고 합니다. 이처럼 과학이나 기술, 사회의 변화에 따라 미래에는 특정 직업이 다른 기술로 대체되거나 사라질 수 있습니다.

과연 어떤 직업들이 사라지지 않을까요?
사회 복지사, 초등 교사, 레크리에이션 치료사,
CEO, 패션 디자이너, 정치학자, 기자, 금융 전문가…

사라지지 않을 직업에 관해 이야기할 때 주로 언급되는 직업들입니다. 이 직업들은 단순하거나 반복적이지 않으며, 사람과 사람 사이의 관계나 감정과 관련이 있다는 공통점이 있습니다. 즉, 로봇이나 인공 지능이 대신할 수 없는 의사소통 능력과 창의력이 요구되기 때문에 대체되기 힘든 것입니다.

로봇이나 인공 지능이 대체하기 힘든 것을 중점적으로 생각해 본다면 새롭게 생겨날 수 있는 직업을 떠올려 볼 수도 있습니다. 예를 들어, 로봇이나 인공 지능이 발전하다 보니 이를 프로그래밍하거나 설계하는 직업들이 많이 생겨났습니다. 요즘 많은 학생이 코딩을 배우려고 하는 것도 이와 관련이 있을 것입니다. 또한, 교육과정에서도 코딩 교육이 강조되고 있으며, 영재교육에서도 '정보 영재'를 육성하고 있습니다. 이러한 직업군이 앞으로 중요한 역할을 할 것으로 보입니다.

우리 아이들에게 필요한 교육은?

우리 아이들에게 어떤 교육을 해야 미래에 좋은 직업을 가질 수 있을까요? 요즘은 인터넷으로 검색만 하면 원하는 지식을 쉽게 찾을 수 있기 때문에 지식을 많이 습득하는 것은 큰 도움이 되지 않습니다. 저는 지식을 많이 습득하는 교육보다는 새로운 가치를 생성하는 '창의융합교육'을 하는 것이 중요하다고 생각합니다. 창의융합교육은 내가 원하는 정보를 골라서 원하는 방향으로 정보를 조합하고, 새로운 가치를 생산할 수 있는 능력을 가르치는 교육입니다. 창의융합교육을 받은 아이들은 정보를 융합해서 새로운 아이디어를 낼 수 있습니다.

현행 교육과정은 지식 정보 사회가 요구하는 인재 양성의 기반으로 '창의성'과 '융합'을 결합하여 '창의융합형 인재'라는 인재상을 제시했습니다.

'창의융합형 인재'란 무엇일까요?

교육과정에서는 창의융합형 인재를 '인문학적 상상력, 과학 기술 창조력을 갖추고 바른 인성을 겸비하여 새로운 지식을 창조하고, 다양한 지식을 융합하여 새로운 가치를 창출할 수 있는 사람'으로 정의하고 있습니다. 여기서 과학 기술 창조력의 필요성은 알겠는데, 인문학적 상상력과 바른 인성은 왜 필요할까요?

가장 대표적인 예로, 화성에 가고자 하는 꿈은 인문학적 상상력을 바탕으로 시작되었습니다. 과학 기술이 발달하면서 공상 과학 소설 속 기술을 실현할 수 있다는 생각으로 발전하게 된 것입니다. 바른 인성 또한 중요합니다. 인문학적 상상력과 과학 기술 창조력을 갖춘 사람이 바른 인성을 갖추지 못했다면, 그 기술은 악용될 수 있습니다. 바른 인성으로 그 능력을 우리 사회의 발전에 도움이 되는 방향으로 사용해야 하기 때문에 중요한 것입니다.

창의융합형 인재를 양성하려고 하는 이유가 단지 아이들이 커서 좋은 직업을 갖게 하기 위함은 아닙니다. 불확실성으로 가득한 21세기에는 접해 보지 못한 문제가 생겼을 때 여러 분야를 넘나들며 새롭고 가치 있는 방식으로 문제를 해결할 수 있는 인재가 필요합니다. 예를 들어, 코로나-19와 같은 팬데믹 상황이나 환경 문제에 직면했을 때 여러 분야를 활용하여 돌파구를 찾아내는 인재가 경쟁력의 핵심 역할을 할 것입니다.

창의융합형 인재 육성을 위한 여러 가지 노력

[서울시 교육청, 〈나눔성장 교실 혁명 프로젝트〉 발췌]

▲ 초등 교실 혁신 방안　　　　　▲ 중등 교실 혁신 방안

제시된 그림은 서울시 교육청에서 발표한 '초 · 중등 창의지성과 감성을 갖춘 미래인재를 기르는 교실 혁신 방안'〈나눔성장 교실 혁명 프로젝트〉의 내용입니다. 서울시 교육청은 초등학교 3학년 때 학생들이 협력하고 소통하며 무엇인가를 창출해 낼 수 있는 프로젝트 수업을 진행할 예정이고, 중 · 고등학교 시기에는 과정 중심 평가로 평가를 확대하겠다고 발표했습니다. 서술형 · 논술형 평가, 수행 평가를 점점 확대하여 아이들이 배운 것을 활용해서 답안을 쓸 수 있는 능력을 기르도록 하고, 창의적으로 융합하는 능력을 기르도록 하기 위해 평가 방법을 바꾸고자 한 것입니다.

이러한 평가 방법을 먼저 적용하고 있는 곳이 영재교육원입니다. 영재교육원은 이미 서술형 · 논술형 평가로 영재를 선발하고 있습니다. 대학 부설 영재교육원에서는 탐구 설계 조별 활동을 통해 집단 지성과 커뮤니케이션 능력을 살펴보는 캠프 전형 평가가 진행되는 곳도 있고, 아이들의 인성을 확인하는 면접 평가도 진행합니다.

또한, 앞으로 적용될 개정 교육과정에서도 미래 사회의 불확실성에 대응할 수 있는 기본 역량 및 변화 대응력을 키워주는 교육 체제를 구현하여 자기 주도성, 창의와 혁신, 포용과 시민성의 핵심 가치를 중심으로 인간상을 재구조화하려고 하고 있습니다. 미래 사회 및 환경 변화에 대응하는 교육 내용을 강화하여 언어·수리·디지털 소양 등을 기초 소양으로 강조하고 생태 전환교육이나 민주시민교육 및 일과 노동에 포함된 의미와 가치 등을 교육 목표에 반영하는 방안도 추진하고 있다고 합니다. 이처럼 미래 사회에 꼭 필요한 사람이 되기 위해서는 양질의 교육을 받아야 하며, 원하는 것을 찾을 수 있도록 하는 끊임없는 부모님의 관심, 갖추고 있는 재능을 발굴해 줄 수 있는 주변의 도움이 필요합니다.

저는 이 책을 통해 부모님께 '영재 학습법'을 알려 드리고자 합니다. 우리 아이를 미래 사회를 이끌어갈 창의융합형 리더이자 인재로 양성할 방법을 안내해 드리겠습니다. 영재에 대한 정의를 살펴보고, 영재들의 학습 노하우와 아이의 사고력을 자극하는 학습법을 통해 영재로 자라는 로드맵을 제시해 드리려 합니다.
각 교시를 마무리하는 "안쌤의 특별한 멘토링"에는 영재 학습법 라이브 방송에 참여하셨던 부모님의 질문 내용들을 정리해 두었습니다. 이 책의 독자분들께서도 대부분 자녀 교육에 대해 궁금해 하셨던 내용일 것으로 생각합니다. 이어지는 "실천 노트"와 "체크리스트"는 교시별 주요 내용이나 수업 사례 중 꼭 필요하다고 생각되는 활동으로 구성했으므로 아이와 함께 활동해 보시면 좋을 것 같습니다. 마지막으로 "방과 후" 파트의 학년, 학기, 단원별 기본 개념을 다루는 수학·과학 교과 문제와 기본 개념을 바탕으로 유연하게 사고하여 해결하는 창의성·사고력 문제로 아이의 학습·사고력 수준을 파악해 보시면, 앞으로 어떻게 아이를 지도해야 할지 가닥을 잡을 수 있을 것입니다. 이 책을 통해 아이의 사고력, 미래 사회를 살아갈 창의적 문제해결력을 기를 수 있게 도와주십시오.

1교시

·

영재의 조건

영재란?

영재의 정의

뛰어난 재주나 탁월한 능력이 있는 아이들, 또는 제법 똘똘한 아이들을 흔히 '영재'라고 부릅니다. 영재란 과연 무엇일까요?

> **"영재"란 재능이 뛰어난 사람으로서 타고난 잠재력을 계발하기 위하여 특별한 교육이 필요한 사람을 말한다.**
>
> – [영재교육 진흥법 제2조(정의) 1항]

영재를 대상으로 각 개인의 능력과 소질에 맞는 내용과 방법으로 실시하는 교육을 '영재교육'이라고 합니다. 우리나라는 영재교육 진흥법을 제정하여 재능이 뛰어난 사람을 조기에 발굴하고, 능력과 소질에 맞는 교육을 실시함으로써 국가 · 사회의 발전에 이바지하게 하기 위해 노력하고 있습니다.

 영재에 대한 더 많은 정보는 '국가법령정보센터'의 [영재교육 진흥법 시행령]을 참고하시기를 바랍니다.

QR link: 영재교육 진흥법

진짜 영재란 무엇일까?

저는 모든 방향에서 뛰어난 아이보다는 잔머리를 잘 쓰는 아이가 조금 더 영재에 가깝다고 생각합니다. 예를 들어, 아이들 중에는 공부하라고 했는데도 게임을 하며, 요령껏 잔머리를 써 혼나지 않고 위기를 빠져나가는 경우가 있습니다. 잔머리라는 것은, 색다른 관점에서 보면 자신이 원하는 것을 얻기 위해 문제를 해결하는 능력이 있다는 의미일 수도 있습니다. 이러한 아이들은 특별한 교육을 통해 좋은 방향으로 이끌어주면 잠재력을 계발할 수 있을 것입니다. 개중에는 다음과 같은 걱정이 있으신 부모님도 계십니다.

> '아이가 7살인데 아직 가위질을 잘 못 해요.'
> '아이가 초등학교에 다니는데, 글씨를 잘 못 써요.'

아이들은 시행착오를 겪으면서 성장합니다. 그러나 이러한 시선은 어른의 관점에서 아이들의 시행착오를 인정하지 못하는 것입니다. 부모님께서는 아이들이 시행착오를 통해 과제를 해결하는 능력을 키우는 과정을 인정할 필요가 있습니다. 아이가 조금 느리다고 영재가 아니라고 속단하기보다 꾸준함과 과제 집착력을 기를 수 있게 도와주셔야 합니다.

우리 아이가 영재인지에 대해 생각해 볼 때는 미국 영재교육학자인 렌줄리 (Renzulli)의 영재의 3가지 특성을 살펴보는 것도 도움이 될 것입니다.

▲ 영재의 특징(렌줄리의 세 고리 모형)

렌줄리의 세 고리 모형을 바탕으로 보았을 때 영재란, 평균 이상의 지적 능력, 높은 과제 집착력, 높은 창의성으로 상호작용하며 독창적으로 창의적인 산출물을 만드는 능력이 있는 사람입니다. 렌줄리가 제시한 각각의 특성을 정리하면 다음과 같습니다.

> • 평균 이상의 지적 능력: 현재 학년보다 높은 수학, 과학의 개념을 쉽게 이해한다. 배운 내용을 잘 기억하고, 응용하여 문제해결에 활용한다.
> • 높은 과제 집착력: 관심 있는 일이나 좋아하는 일에 오래 집중한다. 어려운 문제를 풀 때 쉽게 포기하지 않고 끝까지 풀려고 한다.
> • 높은 창의성: 가끔 기발한 아이디어로 주변 사람에게 칭찬을 받는다. 새로운 문제를 풀거나 새로운 것을 배우는 기회를 좋아한다.

이와 같은 아이의 영재적 특성을 조기에 발견할 방법은 무엇일까요? 오랜 시간 동안 주의 깊게 관찰하는 방법도 있고, 지필 평가나 면접 평가를 통해 발견할 수도 있을 것입니다. 보통 영재교육원에서는 특정 기간 동안의 평가를 바탕으로 영재를 발굴하고, 그에 적합한 영재교육과 아이들의 능력과 소질에 맞는 교육을 통해 잠재력을 계발하고 있습니다. 다만, 이러한 과정에 대해 잘 알지 못하는 분들은 영재교육과 영재교육원이라고 하면 소수의 우수한 학생을 선발하여 교육하는 것으로 오해하는 경우가 많은데, 이는 잘못된 생각입니다. 이어서부터는 영재교육에 대한 잘못된 상식을 알아보겠습니다.

영재교육에 대한 잘못된 상식 TOP 5

영재교육에 대한 흔한 오해

영재교육에 대한 잘못된 상식으로 인해 아이의 가능성을 발굴해 내는 영재교육의 필요성을 간과하는 부모님이 많습니다. 이에 대해 교육부는 해외 영재교육 사례를 참고한 〈영재교육, 소수를 위한 교육이다??〉라는 홍보 자료를 제작하여 영재교육에 대한 부모님의 오해를 풀고자 했습니다. 영재교육에 대한 잘못된 상식을 바로잡기 위해 교육부에서 만든 자료를 살펴보면서 영재교육에 대해 조금 더 이야기해 보고자 합니다.

첫 번째, 영재는 타고난 천재이다?

교육부 曰

꼭 그런 것은 아닙니다. **유전적 영향**뿐 아니라, **적절한 환경** 또한 매우 중요합니다. 누구나 **잠재력**을 가지고 있으며, 영재성을 발굴하여 창의적 인재로 길러내는 것이 영재교육의 목적입니다.

예전에 어떤 학원 원장님께서 한국과학 영재학교 수석을 한 학생을 가르친 적이 있었습니다. 이 학생은 다른 사람이 무엇인가를 설명해 주는 것을 싫어하고, 스스로 답을 얻을 때까지 기다려 주기를 원해서 특별히 가르칠 것이 없었다고 합니다. 학습 커리큘럼만 짜주면 알아서 공부하는 학생이었던 것이지요.

이렇게 공부 머리를 타고나는 것은 유전적 영향 때문일까요? 부모님이 똑똑하면 아들이 똑똑할 확률이 조금 더 높을 수는 있습니다. 하지만 그보다 더 중요한 것은 누구나 가지고 있는 잠재력일 것입니다. 잠재력은 적절한 환경을 통해 계발할 수 있기 때문에, 저는 적절한 환경이 더 중요하다고 봅니다.

아이들에게 필요한 자극을 주는 것 또한 적절한 환경을 제공하는 것으로 볼 수 있습니다. 어릴 때는 오감 놀이와 같은 활동을 통해 자극을 주고, 유치원에 다닐 정도가 되면 좋은 교재나 학습 도구를 찾아 제공해 주는 부모님의 노력이 모두 아이들에게 도움이 될 것입니다. 학습뿐만 아니라 아이들이 즐겁게 놀 수 있는 환경을 제공하는 것도 중요합니다. 특히, 아이들은 직접 환경을 조성하는 데에 한계가 있기 때문에 부모님께서 적절한 환경을 제공해 주셔야 합니다. 적절한 환경은 조금 더 자란 아이들의 학습법과도 연결되는 내용이므로 4교시에서 더 자세히 다루도록 하겠습니다.

두 번째, 부모가 영재를 만든다?

그렇지 않습니다. 부모의 **과도한 관심**은 오히려 아이의 **영재성을 파괴**하거나 **정서적 문제**를 일으킬 수 있습니다. 아이 스스로 흥미를 찾고 잠재력을 계발할 수 있도록 지켜보아야 합니다.

교육부 曰

부모의 과도한 관심은 아이의 영재성도 파괴하고 정서적 문제를 일으킬 수도 있습니다. 과도한 관심은 잘못된 관심이 됩니다. 하지만 교육부의 관점과 달리, 저는 부모가 영재를 만드는 것이 맞다고 생각합니다. 어린아이 스스로가 자신이 좋아하는 것을 찾고, 잠재력을 계발하는 것은 현실적으로 어렵습니다. 따라서 부모님께서 적절한 환경을 만들어 주어야만 영재성의 발굴이 가능할 것입니다.

중학생이나 고등학생이라면 아이 스스로 뚜렷한 목표가 생겨 공부하거나 원하는 것을 할 수 있지만, 어렸을 때는 쉽지 않습니다. 결국 아이들에게 필요한 것을 적재적소에 제공해 주는 것은 부모님이기 때문에 부모가 영재를 만든다고 표현한 것입니다. 적절한 환경을 만들고 올바르게 이끌어 주는 부모님의 도움은 필수적입니다. 다만, 강조하고 싶은 것은 과도한 관심은 금물이라는 것입니다.

간혹, 학원으로 진단 검사를 보러와 "우리 아이는 엄청 잘해요.", "우리 아이는 수학, 과학을 잘하는데 상급반이 있나요?"와 같이 물어보시는 분들이 있지만, 아이의 영재성을 정확하게 판단하시고 오는 경우는 드뭅니다. 부모님의 잘못된 판단으로 아이들이 힘들어하는 경우도 빈번합니다. 따라서 과도한 관심, 잘못된 판단을 늘 경계한다면 아이가 영재가 되도록 도와줄 수 있는 분은 바로 부모님이라는 것을 꼭 말씀드리고 싶습니다.

세 번째, IQ가 높아야 영재다?

그렇지 않습니다. 높은 IQ는 영재교육 대상자 선발 기준이 아닙니다. 영재성은 **지적 능력, 창의성, 정의적 특성**의 복합체입니다.

교육부 曰

처음 영재교육원이 운영되었을 때, 영재의 성향을 확인하는 영재성검사로 진행한 적이 있습니다. 예를 들어, 다섯 개의 그림 중에 좋아하는 것을 고르게 한 뒤, 영재의 성향을 가진 학생들이 많이 선택하는 그림을 고르면 높은 점수를 주는 문제가 출제된 것이지요. 그러나 요즘에는 이러한 유형의 문제는 시험에 나오지 않습니다. 단순히 IQ만 높은 아이의 영재성을 찾는 것이 아니라, '창의융합형 인재 육성'이라는 교육의 방향이 정해져 있기 때문입니다.

학교에는 선생님의 애정어린 관심을 받는 학생이 있습니다. 흔히 모범생이라고 불리는, 공부도 잘하고, 선생님 말씀도 잘 듣고, 필기나 과제도 잘하는 학생을 말합니다. 그러나 제가 겪어본 바로는 오히려 이러한 학생들이 영재교육원 시험에서 떨어지는 경우가 많습니다. 이러한 학생들은 공부를 많이 해서 지적 능력은 뛰어난데 비해 창의성이 계발되지 않은 공통점이 있기 때문입니다.

반대로, 수업 시간에 집중하지 않고 그림을 그리거나 딴짓하는 학생들이 영재교육원 시험에 합격하는 경우도 간혹 있습니다. 이러한 경우는 해당 학생의 창의성이 뛰어나다고 판단되었기 때문에 합격한 것이지요. 요즘에는 드물지만, 초창기 영재교육원 시험을 많이 접해 보지 않았을 때는 어른들이 보기에 엉뚱한 학생들이 합격하는 경우가 있기도 했습니다.

영재성은 지적 능력, 창의성, 정의적 특성의 복합체라고 합니다. 지적 능력과 창의성은 영재교육원 지필 시험으로 확인할 수 있지만, 정의적 특성은 학생의 인성을 볼 수 있는 면접으로 확인하게 됩니다. 여기서 정의적 특성이란, 학습 태도, 자아 개념, 시험 불안, 자기 효능감, 대인관계 등을 의미합니다.

영재성에서 정의적 특성이 중요하게 작용하는 이유는 지식 습득 위주만의 교육이 학생들의 흥미도, 자신감, 학습 태도 등을 저하할 수 있어 추후 좋지 않은 결과를 낼 수 있기 때문입니다. 최근 PISA(국제 학업 성취도 평가: Program for International Student Assessment)나 TIMSS(수학 및 과학 국제 성취도 비교 연구: Trends in International Mathematics and Science Study)의 국제 성취도 비교에서 우리나라 학생들의 인지적인 학업 성취도는 세계 최상위권이었지만 자기 주도 학습 능력이나 자신감, 흥미도 등은 가장 낮게 나타났다고 합니다. 그래서 영재교육원에서는 정의적 특성을 기르기 위해 모둠 활동과 자기 주도 학습을 통한 창의적 산출물 대회를 진행하고 있습니다.

이에 대한 결론으로, 'IQ가 높다고 영재는 아니다.'에는 동의합니다만, 그것이 영재성과 완전히 관련이 없다고 말할 수는 없을 것입니다. 저는 'IQ가 높으면 영재성을 발굴해 내기에 좋다.'라고 생각합니다. 다만, 지적 능력 외에도 창의성과 정의적 특성 또한 고루 갖추어야 영재라고 할 수 있을 것입니다.

네 번째, 영재는 무엇이든지 잘한다?

교육부 曰

그렇지 않습니다. 대부분의 영재는 자신이 **좋아하는 과목**에서만 뛰어난 성취를 보이는 등 두각을 나타내며, 다른 교과목에서는 일반적인 성취 수준을 보이는 경우가 많습니다. 미술 영재, 언어 영재와 같이 **한 분야**만 잘하더라도 영재의 특성을 가지고 있다고 말할 수 있습니다.

이번에는 제 이야기를 해 볼까 합니다. 제가 초등학교 3학년 때 전학을 갔는데, 전학을 갔던 학교 첫 수업 시간에 쪽지 시험을 다 맞았습니다. 담임선생님께서 칭찬을 해 주셨고. 그때 처음으로 제가 수학을 잘한다고 생각했던 것 같습니다. 선생님의 칭찬이 아니었다면 더 늦게 알았을 수도 있고, 수학을 좋아하지 않았을 수도 있을 것입니다.

반면에 저는 수학을 좋아했던 것에 비해 사회, 도덕 같은 과목은 잘 못했습니다. 요즘은 사회를 재미있게 설명하는 교육 콘텐츠를 쉽게 접할 수 있지만, 제가 어렸을 때만 해도 그렇지 않았습니다. 배경지식이 없는 상태에서 교과서만 보고 사회를 공부하는 것은 어려웠습니다. 도덕도 마찬가지였는데, 도덕 같은 과목은 수학처럼 답이 명확하게 나오는 것이 아니었기 때문에 단순히 '도덕성'만으로 문제를 풀기 어려웠습니다. 언어적 지식이 잘 형성되어 있어야 함정에 빠지지 않고 문제를 풀 수 있는데, 저에게는 살짝만 꼬아 놓아도 헷갈렸습니다. 이 사례를 통해 이야기하고 싶은 것은 영재인 아이들도 자신이 좋아하는 분야에만 두각을 나타내는 경우가 많다는 것입니다.

실제로 영재교육 진흥법에서는 일반 지능, 특수 학문 작성, 창의적 사고 능력, 예술적 재능, 신체적 재능, 그 밖의 특별한 재능의 6가지 영역 중 어느 하나에 대해 뛰어나거나 잠재력이 우수하고 영재교육기관의 교육목적에 적합한 자를 영재교육 대상자의 선발 기준으로 삼고 있습니다. 이처럼 자신이 좋아하는 한 분야만 잘하더라도 영재의 특성이 있다고 볼 수 있습니다. 그렇기 때문에 영재교육원에서도 수학, 과학, 융합, 발명, 정보, 언어, 음악, 미술 등 분야별로 아이들을 육성하기도 합니다.

다섯 번째, 영재교육은 우수한 학생만을 위한 교육이다?

안쌤 曰

영재교육은 헌법에 보장된 능력에 따라 교육을 받을 권리를 보장하며 **공교육 안에서 누구나** 영재성을 발굴할 기회를 제공하고 능력과 소질에 맞는 교육을 실시함으로써 개인의 자아실현을 도모하고 나아가 국가 사회의 발전에 기여할 수 있는 창의적 인재를 기르는 교육입니다.

다섯 번째는 교육부에서 제시한 내용이 아닌, 제가 추가로 설명하고자 하는 내용입니다. 부모님을 상담하다 보면 영재교육원에서 우수한 학생들만 선발해서 교육하는 것은 차별이 아니냐고 생각하시는 분들이 있습니다. 그러나 영재교육은 공교육 안에서 누구나 영재성을 발굴하기 위한 교육을 받을 의무가 있다는 취지에서 시작된 것입니다. 즉, 영재교육은 우수한 학생만을 위해 한정되어 있지 않습니다. 이를 위해 우리나라는 2000년에 제정된 영재교육 진흥법을 기반으로 2002년부터 시 · 도 교육청, 대학, 국공립 연구소, 정부 출연기관 및 과학, 기술, 예술, 체육과 관련 있는 공익법인 등에서 영재교육원을 운영하고 있습니다.

지금까지 영재, 영재교육 등에 관해 이야기해 보았습니다. 영재란 태어날 때부터 뛰어난 사람이 아니라, 특별한 교육, 다시 말해 영재교육을 통해 타고난 잠재력을 계발할 수 있는 사람을 말합니다. 즉, 영재교육은 소수의 우수한 학생만을 위한 교육이 아니며, 누구나 조금만 노력한다면 영재성을 계발하여 영재가 될 수 있다고 생각합니다. 부모님께 1교시 마지막 질문을 하나 드리겠습니다.

우리 아이는 영재일까요?

이 질문에 대해 부모님께서 각자 생각해 보는 시간을 가지면 좋을 것 같습니다. 실제로 영재들의 학습법 유튜브 라이브 방송에서도 같은 질문을 했었습니다. 참여하신 부모님께서도 선뜻 아이가 '영재다.', '영재가 아니다.'라고 답하기 어려워하셨던 것 같습니다. 그래서 아이의 성향이나 평소 영재에 대해 궁금했던 점에 관한 질의응답을 진행했었는데, 이때 나누었던 이야기들을 "안쌤의 특별한 멘토링" 코너에 자세하게 수록해 두었습니다. 다른 부모님께서 궁금해 하셨던 내용을 참고하여 아이에 대해 파악해 보는 것도 좋을 것 같습니다.

안쌤의 특별한 멘토링

▶ 영재들의 학습법 **라이브 방송** Q & A

아이가 호기심이 많아요. '왜?'라는 질문이 많아요. 새롭게 만드는 것도 좋아하고요. 영재라고 생각해도 될까요?

↪ 언급하신 내용 모두 다 영재의 특성입니다. 호기심과 질문이 많은 시기는 빠르면 5세, 6세, 좀 늦으면 초등학교 2~3학년 때까지입니다. 질문이 많을 때는 부모님께서 어느 정도 해결해 주어야 합니다. 새롭게 만드는 것을 좋아하는 특성은 창의융합형 인재의 기본적 자질이 있다는 것을 뜻하므로 잠재력을 충분히 이끌어 내주면 좋을 것 같습니다.

여러 가지를 좋아하는 아이는 영재이기 어려울까요?

↪ 나이에 따라 조금식 다른 것 같습니다. 여러 가지를 좋아한다는 것은 좋은 방향입니다. 그중 무언가에 집중해서 영재성을 기를 수 있기 때문입니다. 좋아하는 것 여러 가지 중에서 무엇인가 깊이 파고 들 수 있는 것을 찾으면 좋을 것 같습니다. 또한, 다양한 것을 좋아하면 다양한 지식을 쌓을 수 있는 가능성도 있다고 봅니다. 단순히 많은 지식을 쌓기보다는 쌓은 것들을 바탕으로 창의적으로 융합해서 새로운 가치를 끌어낼 수 있는 능력이 생기도록 인도하는 것이 중요할 것입니다.

제 눈에는 재능이 많아 보이는 아이라 어떤 방향으로 발전시켜주어야 할지 어려워요.

↪ 재능이 많다는 것은 다르게 이야기하면 '빠르게 습득을 한다'라고 생각할 수도 있습니다. 빠르게 습득한다는 것은 새로운 것들을 만들어 갈 수 있는 좋은 능력이기 때문에 무엇인가를 빨리 배우는 아이들은 영재일 가능성이 높습니다. 그러므로 어렸을 때는 다양한 것들을 경험할 수 있게 해 주세요.

아이가 책을 많이 읽는데, 영재로 발전할 수 있을까요?

↳ 책을 많이 읽으면 알고 있는 기본 지식과 개념이 많아지고, 무엇인가를 융합할 수 있는 재료들을 많이 갖게 됩니다. 그러나 책을 많이 읽어 지식을 쌓는 것만으로 영재로 발전하는 것은 아닙니다. 책 속의 지식을 어떻게 활용하는지가 더 중요합니다. 요즘에는 책 외에도 유튜브나 동영상을 통해 지식을 얻을 수 있는데, 이것도 마찬가지입니다. 단순히 지식의 양만 늘릴 것이 아니라, 그것을 적절하게 활용할 수 있는 능력을 키워야 합니다.

'영재'라는 것은 어느 나이까지 도달하면 정의될 수 있나요? 영재가 청소년기 중에 발현되는 것일까요?

↳ 나이가 중요하다기보다는 자신이 좋아하는 것들을 정해서 그것을 이루기 위해 새로운 것들을 만드는 과정이 중요하다고 생각됩니다. 이것이 바로 창의융합형 인재이자 미래 인재상이겠지요. 가장 이상적인 루트는 공부에 막 집중하기 시작하는 청소년기에 자기가 좋아하는 것, 원하는 것을 찾고 그것을 이루기 위해 공부하는 것입니다.

아이가 수학 문제 푸는 것을 좋아해요. 문제를 풀 때 어려운 문제를 끝까지 해결하려고 하는 편이에요. 영재교육원을 생각한다면 선행이 필수인가요?

↳ 어려운 수학 문제를 끝까지 풀었을 때 만족감과 재미를 느끼는 학생이라 좋을 것 같습니다. 보통 대학 부설 영재교육원은 선행 학습이 된 학생들이 많이 합격합니다. 영재인 학생은 공부 습관이나 속도에 맞추어 선행을 하다 보니 이러한 결과가 나오는 것 같습니다. 이는 단순히 상위 학년 진도만 빠르게 선행한 것이 아닌, 현 학년의 주요 학습 개념을 정확하게 이해한 후에 가능한 것입니다. 요즘 영재교육원은 상위 학년의 지식을 요구하는 문제보다 현 학년의 주요 학습 개념을 응용하여 해결할 수 있는 문제를 통해 학생의 영재성과 창의적 문제해결력을 확인하는 경향이 있으므로 선행이 반드시 필수는 아닙니다. 현 학년의 주요 개념을 정확하게 이해하고, 응용 방법을 사고하는 연습을 하는 것이 중요하다고 할 수 있습니다.

아이가 끝까지 파고드는 점이 부족해서 영재가 아닌 듯해요.

↳ 끝까지 파고드는 점이 부족한 것은 과제 집착력이 부족함을 의미합니다. 과제 집착력이 부족한 아이의 경우, 흥미가 생기지 않는 학습 환경이라든지, 특정 상황으로 인해 끝까지 파고들지 않은 것일 수도 있습니다. 이에 대해서는 면밀한 관찰이 필요할 것 같습니다.

과제 집착력을 향상할 수 있는 방법은 사고력을 자극하는 문제를 제공하는 것이 있습니다. 처음에는 1~5분 정도 짧은 시간 동안 집중하면 풀 수 있는 문제를 주고, 그 후 점차 난이도 있는 문제를 제공합니다. 문제를 해결하는 경험을 통해 성취감이 생기면 점점 집중력과 과제 집착력이 형성되고, 집중이 더 필요한 문제들을 경험하면 점차 도전하고 싶은 마음이 생길 것입니다. 학습적으로만 접근하면 아이들이 지칠 수 있으니 퍼즐이나 보드게임처럼 재미있고 사고력을 기를 수 있는 문제로 접근해 보는 것도 좋은 방법입니다.

실천 노트

성향 파악하기(성격유형검사지)

방법 이 검사는 정답이 없으므로 자신이 습관처럼 편안하고 자연스럽게 행동하는 것과 가깝다고 생각하는 것에 표시하세요.

[한국 MBTI 연구소 참고]

	E 외향	I 외향	
여기저기에 친구나 아는 사람이 많다.			친한 친구가 없는 모임에 가면 매우 불편해진다.
처음 보는 사람과도 쉽게 이야기를 잘하는 편이다.			친구를 쉽게 사귀지 못하고 오래 지나야 친해진다.
많은 사람에 대한 소식이나 소문에 밝은 편이다.			침착하고 조용하다는 말을 많이 듣는다.
대화 중에 당황스러운 상황에 처했을 때 농담으로 받아넘긴다.			자신의 감정과 느낌을 표현하기보다 자신 안에 묻어두는 편이다.
활발하고 적극적이라는 말을 자주 듣는다.			남의 말을 잘 들어준다.
기분을 잘 드러내기 때문에 남들이 기분을 금방 알게 된다.			부끄러움을 쉽게 탄다.
시간이 걸리는 일에 싫증을 내고 새로운 놀이나 활동을 원한다.			대화 중 당황스러운 상황에 처하면 며칠 후 그때 그 이야기를 했어야 한다고 생각한다.
혼자 조용히 있기보다 사람들과 어울리는 것을 좋아한다.	계	계	낯선 곳에 심부름하러 가기를 주저한다.
모임에서 말을 많이 하고 적극적으로 행동한다.			먼저 신중히 생각한 후에 행동하는 편이다.

나의 성격 유형은?   E / I

S 직감			N 감각
주변 사람들의 외모나 다른 특징을 자세히 기억한다.			상상 속에서 이야기를 잘 만들어 내는 편이다.
꾸준하고 참을성이 있다는 말을 자주 듣는다.			종종 물건들을 잃어버리거나 어디에 두었는지 기억을 못 할 때가 있다.
비유적이고 상상적인 표현보다는 구체적이고 정확한 표현을 더 잘 이해한다.			창의력과 상상력이 풍부하다는 말을 자주 듣는다.
실제적이고 현실 감각이 있는 사람이라는 말을 듣기를 좋아한다.			다른 아이들이 생각하지 못한 엉뚱한 행동이나 생각을 할 때가 종종 있다.
손으로 만지거나 조작하는 것을 좋아한다.			질문이 많은 편이다.
꼼꼼하다는 말을 많이 듣는다.			신기한 것에 관심이 많다.
새로운 일보다는 늘 하는 익숙한 일이나 활동을 더 하려고 한다.			이것저것 새로운 것들에 관심이 많고 새롭게 배우는 것을 좋아한다.
새롭게 창조하기보다 남들이 하는 대로 따라 하는 것이 편하다.			지금 상황보다는 앞으로가 더 중요하다고 생각한다.
눈에 너무 띄지 않는 무난한 옷차림을 좋아한다.	계	계	장난감을 분해하고 탐색하는 것을 좋아한다.
공부할 때 세부적인 내용을 더 잘 암기할 수 있다.			언제나 새로운 아이디어를 만들어 내는 친구와 사귀고 싶다.

나의 성격 유형은? S / N

	T 사고	F 감정		
'왜'라는 질문을 자주 한다.				부모님이나 선생님의 말씀을 잘 듣는 편이다.
의지와 끈기가 강하고 참을성이 있다는 말을 자주 듣는다.				인정이 많고 순하다는 말을 많이 듣는다.
궁금한 것이 있으면 꼬치꼬치 따 져서 궁금증을 풀려고 한다.				주위에 불쌍한 사람이나 친구들 이 있으면 마음이 아프다.
야단을 맞거나 벌을 받아도 눈물 을 잘 보이지 않는다.				야단을 맞거나 벌을 받으면 눈물 부터 나온다.
한번 마음먹은 일은 꾸준히 밀고 나간다.				친구들이 하는 말이나 행동에 민 감하다.
올바르고 정직한 것을 중요하게 생각한다.				벌을 받으면 쉽게 잘못했다고 하 는 편이다.
논리적이고 자세한 설명으로 부 모나 친구들을 잘 설득한다.				양보를 잘한다.
TV나 책에서 경찰관이 악당을 벌 주는 내용이 나오면 좋아한다.				타인으로부터 칭찬이나 인정받는 것을 좋아한다.
게임을 할 때도 경쟁적인 것을 좋 아하고 규칙을 중요시한다.	계	계		감정에 치우쳐서 자기의 상황을 제대로 설명하지 못하는 편이다.
자기 입장을 잘 설명할 수 있는 편이다.				자기주장보다는 전체적으로 조화 롭게 지내기를 원한다.

나의 성격 유형은?　T / F

	J 판단	P 인식	
생활 계획표를 짜놓고 그 계획표에 따라 생활하는 것을 좋아한다.			계획을 잘 세우지 않고 일이 생기면 그때그때 처리하는 편이다.
시험 보기 전에 미리 여유 있게 공부 계획표를 짜 놓는다.			어떤 일을 할 때 한꺼번에 한다.
마지막 순간에 쫓기면서 일하는 것을 싫어한다.			방이 어수선하게 흐트러져 있어도 신경 쓰지 않는다.
목표가 뚜렷하고 자신의 의견을 분명히 표현하는 편이다.			주변에서 일어나는 일에 호기심이 많고 새로운 상황에 금방 적응한다.
친구를 만날 때 미리 나가서 기다리는 편이다.			남의 지시에 따르기보다 자기 스스로 행동하는 것을 좋아한다.
학교나 친구들 모임에서 책임 있는 일을 맡고 싶어 한다.			자기 물건을 잘 나누어 주고 덜 챙기는 편이다.
맡은 일에는 최선을 다한다.			자기 의견을 강하게 주장하지 않는 편이다.
깨끗이 정돈된 상태를 좋아하여 방이나 책상을 깨끗이 정리한다.			여행 갈 때 준비가 없어도 그냥 떠난다.
여행하기 전에 미리 그곳에 대한 정보를 수집한다.	계	계	새롭게 시작하는 일은 많으나 마무리하는 일은 적다.
계획에 없던 일들이 발생하면 불안해진다.			짜인 시간표대로 따르는 것은 답답하다.

나의 성격 유형은?　　J / P

나의 성격 유형은 ☐ ☐ ☐ ☐ 입니다.

MBTI 성격 유형 검사는 인간의 내적 과정을 외향형(E)과 내향형(I), 감각형(S)과 직관형(N), 사고형(T)과 감정형(F), 판단형(J)과 인식형(P) 4가지 선호 경향으로 분류하고, 이를 조합하여 16가지의 성격 유형을 구분합니다. 다만, 사람마다 각각의 특성은 조금씩 다르므로 사람의 성격이 16가지만으로 완전히 구분된다고는 할 수 없습니다. 해당 유형에 속하는 사람의 대체적 특성이나 성향을 분류한 것으로, 검사 결과를 통해 아이가 어떤 성향을 가졌는지 대략 알아볼 수 있습니다.

ISTJ	ISFJ	INFJ	INTJ
세상의 소금형 한번 시작한 일은 끝까지 해내는 아이	**임금 뒤편의 권력형** 성실하고 온화하며 협조를 잘하는 아이	**예언자형** 사람과 관련된 뛰어난 통찰력을 지닌 아이	**과학자형** 전체적인 부분을 조합하여 비전을 제시하는 아이
ISTP	ISFP	INFP	INTP
백과사전형 논리적이고 뛰어난 상황 적응력을 가진 아이	**성인군자형** 따뜻한 감성을 가진 겸손한 아이	**잔다르크형** 신념을 갖고 이상적인 세상을 만들어 가는 아이	**아이디어 뱅크형** 비평적 관점으로 뛰어난 전략을 제시하는 아이
ESTP	ESFP	ENFP	ENTP
수완 좋은 활동가형 친구, 운동, 음식 등 다양한 활동을 선호하는 아이	**사교적인 유형** 분위기를 고조시키는 우호적인 아이	**스파크형** 열정적으로 새로운 관계를 만드는 아이	**발명가형** 풍부한 상상력을 가지고 새로운 것에 도전하는 아이
ESTJ	ESFJ	ENFJ	ENTJ
사업가형 사무적, 실용적, 현실적으로 일하는 아이	**친선도모형** 친절과 현실감을 바탕으로 타인에게 봉사하는 아이	**언변능숙형** 타인의 성장을 도모하고 협동하는 아이	**지도자형** 비전을 갖고 사람들을 활력적으로 이끄는 아이

실제 부모님께서 느꼈던 아이의 성향과 위 검사 결과가 어느 정도 일치하나요? 각 성격 유형별 자세한 특징 및 각 성격 유형별 학습법은 부록에 더 자세하게 안내하겠습니다. 궁금하신 분들께서는 부록의 237쪽을 먼저 살펴보셔도 좋습니다.

아이의 성향이 다양한 것처럼 교육관에 따라 다양한 부모 유형이 있습니다. 여러분은 부모로서 아이의 교육에 대해 어떤 역할을 하고 있는지 생각해 보시기를 바랍니다.

[어세스타 'Strong 진로상담 전문가 교육(적용-부모)' 발췌]

스칸디 부모	헬리콥터 부모	빗자루 부모
아이들에게 자유를 주고, 많은 시간을 함께 보내며, 아이의 진로와 생각에 대해 자주 대화하는 부모	아이의 일거수일투족에 함께 하며, 아이가 혼자 하는 것보다 점검해 주며 실수를 예방하는 부모	아이가 원하는 길로 갈 수 있도록 자율성을 주되, 혼자 하기 어려운 일에는 도움을 주는 부모

알파 부모	베타 부모	타이거 부모
열정과 정보력을 바탕으로 추진력 있고 체계적으로 아이의 진로를 설계하고, 양육하는 부모	엄격한 규제보다는 도움을 주는 조언자 역할을 하는 부모	아이에게 엄격하게 대하며 목표를 확실히 성취할 수 있도록 하고, 성공한 인생을 위해 높은 성적, 좋은 대학을 요구하는 부모

아이마다, 부모님마다 성향이 다르기 때문에 위의 6가지 부모 유형 중에서 어느 것이 좋다, 혹은 나쁘다고 단정할 수는 없을 것입니다. 다만, 부모는 아이가 가진 잠재력을 펼쳐낼 수 있도록 도와주는 역할을 해야 하는 것이 아닐까 하는 생각이 듭니다.

영재성 확인하기(자기 체크리스트)

[KEDI 창의적 인성검사(학생용) 발췌]

문항	매우 아니다	아니다	그렇다	매우 그렇다
주변에서 일어나는 일이나 어떤 사물에 대해 궁금한 것이 많다.	☐	☐	☐	☐
비록 실패가 예상될지라도 정말 하고 싶은 일이면 하는 편이다.	☐	☐	☐	☐
춤이나 노래를 새로운 방식으로 표현하려고 시도한다.	☐	☐	☐	☐
'그것은 왜 그럴까?' 하는 질문을 많이 한다.	☐	☐	☐	☐
어떤 일(놀이나 과제)을 처음 시작하는 것을 두려워하지 않는다.	☐	☐	☐	☐
나는 내 일을 스스로 알아서 한다.	☐	☐	☐	☐
나와 다른 피부색을 가진 사람들과도 친구하고 싶다.	☐	☐	☐	☐
"만약 ~라면 어떻게 될까?"라는 생각을 자주 한다.	☐	☐	☐	☐
누가 시키지 않아도 내 할 일을 잘 찾는다.	☐	☐	☐	☐
아무리 어려운 문제라도 답지를 보지 않고 끝까지 내가 풀려고 노력한다.	☐	☐	☐	☐
나 혼자 있을 때에는 무슨 일을 해야 할지 모르겠다.	☐	☐	☐	☐
종종 나의 감정을 글(시, 이야기, 일기 등)로 표현한다.	☐	☐	☐	☐
시작한 것은 끝을 내는 편이다.	☐	☐	☐	☐

예술 활동 (이야기 쓰기, 시 짓기 또는 미술 작품 만들기, 연극하기, 음악 활동 등)을 즐겨한다.	☐	☐	☐	☐
잘 모르는 것이라도 두려워하지 않는다.	☐	☐	☐	☐
누구나 당연하게 생각하는 것도 "왜 그럴까?"라고 생각해 볼 때가 있다.	☐	☐	☐	☐
나는 내가 싫어하는 사람과도 이야기를 할 수 있다.	☐	☐	☐	☐
무슨 일이든 대충하지 않고 꼼꼼하게 하는 편이다.	☐	☐	☐	☐
새로운 것을 경험하기 좋아한다.	☐	☐	☐	☐
질문을 많이 하는 편이다.	☐	☐	☐	☐
신비스럽고 아름다운 것에 끌린다.	☐	☐	☐	☐
일을 남에게 미루는 편이다.	☐	☐	☐	☐
한 번 마음 먹은 일은 어떤 어려움이 있더라도 끝까지 하고야 만다.	☐	☐	☐	☐
나와 다른 생각을 하는 사람들과 이야기하는 것을 좋아한다.	☐	☐	☐	☐
세상이 아름답다고 느껴질 때가 있다.	☐	☐	☐	☐
무엇을 집중하기 시작하면 그 일이 끝날 때까지 오랫동안 집중하는 편이다.	☐	☐	☐	☐
나의 생각보다 더 좋은 생각이라면 받아들일 수 있다.	☐	☐	☐	☐

MEMO

2교시

·

영재의 인출 학습

영재의 기억법

영재는 어떻게 기억할까?

뇌에서 받아들인 정보를 저장하고, 다시 생각해 내는 것을 '기억'이라고 합니다. 사람의 기억은 무한하지 않으므로 쉽게 잊어버리기 때문에 글이나 사진, 동영상 등으로 기록을 남기지요. 그 기록을 살펴보면서 기억을 되살리기도 하고 중요한 내용을 여러 번 반복하여 기억함으로써 잊지 않기 위해 노력합니다.

사람의 기억은 보통 감각 기억, 단기 기억, 장기 기억으로 나뉩니다. 감각 기억은 오감에 의해 얻은 자극을 매우 짧은 시간 동안 저장하는 기억입니다. 많은 정보가 감각 기억을 통해 1~4초 정도 저장되었다가 그중 유의미한 일부가 단기 기억으로 저장됩니다. 단기 기억은 감각 기관으로 들어오는 정보를 통합합니다. 순간적인 메모지 역할을 하며, 계획이나 의도를 계속 유지하게 해 줌으로써 연속적인 행동을 가능하게 합니다. 그 때문에 단기 기억력이 좋지 않으면 학습 능력이 좋지 못한 경우가 많습니다. 단기 기억을 거쳐 오랫동안 저장되는 것들은 장기 기억이라고 하고, 우리는 장기 기억에 저장된 내용을 인출해서 활용합니다. 기억을 간직하는 능력인 기억력의 수준은 사람마다 다릅니다. 그렇다면 과연 영재들은 어떻게 정보를 기억하는지 이야기해 보겠습니다.

캐릭터들을 10초 동안 보고, 최대한 많이 기억해 보세요.

10초가 지난 것 같으면 책장을 한 장 넘겨볼까요?

앞 장에서 본 그림을 떠올리면서 답해 보세요.

Q1. 한 가운데 쓰여 있는 글은?

Q2. 손가락으로 V 모양을 만든 캐릭터의 위치는?

Q3. 캐릭터가 들고 있는 스케치북에 쓰여 있는 글은?

Q4. 왼쪽 맨 아래에 있던 캐릭터가 들고 있던 것은?

Q5. 삼각자를 들고 있던 캐릭터의 위치는?

정답은 첫 번째 질문부터 순서대로 '안쌤의 칭찬 챌린지', '왼쪽 맨 위와 오른쪽 가운데', 'Fighting', '돋보기', '맨 아래 중간'입니다.

질문에 쉽게 답할 수 있으셨나요? 어려운 문제는 아니지만 앞에서 본 그림이 기억나지 않는다면 쉽게 답할 수 없으셨을 것입니다. 제가 여러분께 이러한 질문을 드린 이유는 이제부터 설명할 기억법을 조금 더 쉽게 이해하실 수 있게 하기 위해서였습니다. 여러분이 앞에 그림을 기억했던 방법을 떠올리면서 어떤 기억법을 사용했는지 살펴보시면 좋을 것 같습니다.

2 기억법의 종류

학습 시 활용할 수 있는 대표적인 기억법들은 다음과 같습니다.

이야기법: 스토리를 만들어서 암기하는 연쇄 결합법

암기할 내용을 스토리처럼 만들고, 연쇄적으로 결합해서 외우는 방법입니다. 서로 관련되지 않은 단어가 나열된 경우 유용합니다.

> 적용 사례 **창조 – 폐허 – 백조 – 시문학**
> ➡ 도시를 창조했지만 결국 폐허가 되었다.
>   그곳에 백조만 날아오르니 시문학이나 읊어 보자.

치환법: 익숙한 이미지나 단어로 연결하는 방법

추상적이거나 어렵고 암기하기 힘든 단어가 있을 때 좋아하는 것과 관련지어서 외우는 방법입니다. 익숙하지 않은 정보를 구체적이고 익숙한 정보로 바꾸어서 암기할 수 있습니다.

> 적용 사례 **임진왜란의 발생 년도 '1592'**
> ➡ 임진왜란이라는 전쟁이 발생한 시기인 '1592'는 '1592(이러고 있을) 때가 아니다.'
>   로 치환하여 외울 수 있다.

머리글자법: 머리글자만 떼서 기억하는 방법

암기해야 할 내용이 여러 가지일 때, 앞 글자만 따서 외우는 방법입니다. 통째로 암기해야 할 필요가 있을 때 유용합니다.

적용 사례 **주기율표의 원소 기호**

○ 수(수소) – 헤(헬륨) – 리(리튬) – 베(베릴륨) – 붕(붕소) – 탄(탄소) – 질(질소) – 산
(산소) – 플(플루오린) – 네(네온) – 나(나트륨) – 마(마그네슘) – …

인출법: 기억할 부분을 질문하는 방법

기억해야 할 부분을 반복적으로 질문하여 장기 기억으로부터 꺼내며 외우는 방
법입니다. 족집게 강사들이 필수 암기 내용을 요약할 때 많이 활용합니다.

적용 사례 **인출법으로 영어 단어 외우기**

○ 초등학생 A는 영어 단어를 외우기 위해 가림판으로 뜻 부분을 가리고 반복적으로
기억 속에서 꺼내어 인출하는 연습을 했다.

촬영법: 사진으로 기억하는 방법

노트 정리를 한 후 머릿속에 사진을 찍듯 외우는 방법입니다. 암기해야 할 내용
을 시각화하여 머릿속에 넣고, 시각화된 이미지를 떠올려서 기억하게 됩니다.

적용 사례 **노트 필기 활용하기**

○ 중학생 B는 중간고사를 보다가 '아, 이 부분은 노트에 정리했던 부분 중 오른쪽 하
단에 있던 내용이었지.'라는 생각을 떠올리면서 문제를 해결했다.

제가 제시한 5가지 방법 중에서 아이가 이미 활용하는 것도 있을 것이고, 처음
접해 보는 것도 있을 것입니다. 또한, 제시된 내용 외에 아이만의 특별한 기억법
도 있을 것입니다.

그렇다면 좋은 기억법은 무엇일까요?

좋은 기억법은 아이마다 다를 수 있습니다. 즉, 사람들의 성향이 각자 다르기 때문에 아이에게 맞는 기억법이 가장 좋을 것입니다. 아이마다 각기 다른 특성이 있다면, 어떤 기억법을 활용하면 좋을까요? 당시 라이브 방송에 참여하셨던 분들께서도 아이를 떠올리며 다양한 답변을 해 주셨던 것 같습니다. 어떤 방법이 좋을지 고민된다고 하시는 분들을 위해 조금 더 구체적인 질문을 드리겠습니다.

시험에 맞는 기억법이라면?

과거에는 학생들이 중간고사, 기말고사와 같은 시험을 많이 치렀었습니다. 그때를 돌이켜 생각해 보면, 소위 암기 과목이라고 불리던 과목은 며칠 벼락치기로 공부하기만 해도 기억력이 좋은 사람들은 성적이 잘 나왔던 것 같습니다. 그렇지만 수학 같은 과목은 아무리 암기를 열심히 한다고 좋은 성적을 받기 힘들었을 것입니다. 즉, 시험에서 원하는 성적을 얻기 위해서는 무작정 외우기만 하는 단순 암기법보다 조금 더 고차원적인 방법을 적용해야 합니다.

혹시 이런 경험을 해 본 적이 있으신가요? 다른 사람에게 알려주는 과정에서 조금 더 잘 기억하게 된 경험말입니다. 더 나아가 혼자일 때보다 여럿이 공부할 때 학습이 더 잘된다고 이야기하는 경우도 많았을 것입니다. 이러한 경험은 어떤 원리를 바탕으로 가능한 것이었을까요? 지금부터는 학습한 내용을 더욱더 오래 기억 속에 보존하고, 그것을 효과적으로 꺼내어 활용하는 학습법에 대해 다루어 보도록 하겠습니다.

3 인출 학습의 중요성

장기 기억 '인출'의 필요성

[EBS 다큐프라임, 〈교육대기획 다시, 학교 3부 – 시험을 시험하다〉 발췌]

EBS 다큐프라임 〈다시, 학교 3부 – 시험을 다시 시험하다〉에서는 다음과 같은 실험을 진행합니다. 학생들에게 떡볶이를 만드는 영상을 보여주고, 내용을 놓치지 말고 집중해서 보아야 한다고 강조합니다. 영상을 다 본 후 학생들에게 내용을 얼마나 이해했다고 생각하는지 백분율로 적게 했습니다. 학생들 대부분 높은 수치를 적었고, 평균적으로 80% 정도 이해했다고 답했습니다. 그렇지만 실제로 생각하는 만큼 잘 이해하고 있었을까요?

영상 속 내용을 바탕으로 학생들에게 몇가지 질문을 해 보면, 막상 대답하지 못하는 경우가 많았습니다. 자신이 안다고 생각하는 것과 실제 아는 것 사이에 큰 차이가 있었던 것입니다. 인터뷰 후 학생들에게 똑같은 실험을 다시 진행했고, 비슷한 난이도의 영상을 보게 한 후 얼마나 이해했는지를 적게 했습니다. 어떤 결과가 나타났을까요? 놀랍게도 학생들 대부분이 이전보다 훨씬 적게 이해했다고 답했습니다. 두 번째 실험에서 학생들의 대답은 평균 69%로 뚝 떨어졌습니다. 질문을 받고 말문이 막힌 경험을 통해 아이들은 자신을 다시 바라보게 된 것입니다. 이 실험은 중요한 내용을 효과적으로 기억하는 데 있어 특수한 과정이 필요함을 시사합니다.

인간의 학습과 기억에 대해 오랫동안 연구해 온 워싱턴대학교 심리학과 교수 헨리 뢰디거(Henry J. Roediger) 교수는 지식을 무조건 머릿속에 넣기만 해서는 학습이 안 된다고 강조합니다. 우리들은 공부할 때 머릿속에 지식을 정리해서 넣지 않습니다. 구겨진 종이처럼 산발적으로 들어가게 되고, 그렇게 구겨져 들어간 지식은 사용하지 않으면 쓰레기통에 버려지게 됩니다. 그렇다면 어떻게 해야 지식을 더 오래 기억할 수 있을까요?

가장 좋은 방법은 저장된 지식을 자주 꺼내 사용하는 것입니다. 이것을 인출이라고 부릅니다. 평소에 인출 연습을 꾸준히 하면 지식을 오래 기억할 뿐만 아니라 필요할 때마다 지식을 쉽게 꺼내 쓸 수 있습니다. 또한, 지식을 반복적으로 사용하지 않으면 결국 잊어버리기 때문에 반복적으로 인출하는 연습이 필요합니다.

인출 학습의 효과

인출 연습을 통해 학습 능력은 얼마나 좋아질 수 있을까요? 이번에는 세종대학교 학부생을 대상으로 동영상 강의를 보여주고 얼마나 이해했는지를 실험해 보았습니다. 먼저 학생들을 두 그룹으로 나누어 똑같은 영상을 보여주며 영상 내용에 대해 자유롭게 필기하도록 했습니다. 영상을 다 본 후 한 그룹은 필기 내용을 눈으로만 읽으며 복습하도록 했고, 다른 한 그룹은 백지에 생각나는 대로 모두 적으며 복습하도록 했습니다. 즉, 각각 반복 읽기와 인출하기의 방법으로 공부하도록 한 것입니다. 일주일 후 아무런 예고 없이 시험을 진행했습니다. 시험 결과를 비교해 보니 반복 읽기 그룹은 평균 53점, 인출 활동 그룹은 61점을 받았고, 인출이 더 좋은 학습 결과를 만든다는 결론을 도출해 낼 수 있었습니다.

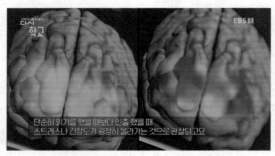

▲ 반복 읽기   ▲ 인출 활동

또 다른 실험으로 반복 읽기 방식과 인출하기 방식으로 각각 학습을 하면서 뇌의 활동과 산소 포화도를 측정했습니다. 이 실험에서도 반복 읽기 그룹의 뇌에서는 적극적인 활동을 나타내는 붉은색이 거의 없지만, 기억을 꺼내어 쓰는 연습을 하며 적당한 긴장도를 유도한 인출 활동 그룹에서는 상대적으로 붉은색이 더 많이 나타났습니다. 이것은 뇌가 더 활성화된 상태라는 것을 의미합니다.

영상에 대한 더 많은 정보는 'EBS 다큐프라임'의
[교육대기획 다시, 학교]를 참고하시기를 바랍니다.
QR link: EBS 다큐프라임 다시 보기(무료)

영재에게 적절한 기억법이 있을까?

그렇다면 영재에게 맞는 기억법에는 무엇이 있을까요? 단지 시험을 잘 보기 위한 기억법이 아니라 미래의 우리나라를 이끌어갈 창의융합형 인재로 자라려면 어떤 기억법을 이용해야 될지 생각해 보았으면 합니다.

〈리미트리스〉라는 영화를 보면서 이런 생각을 한 적이 있습니다. 영화 속 주인공은 뇌 기능을 100% 가동시키는 알약을 먹은 후 일정 시간 동안 모든 것을 기억하고, 무엇이든 빨리 습득할 수 있게 됩니다. 영화를 감상하며 가장 인상 깊었던 부분은 주인공이 과거에 무심코 지나쳤던 책의 제목을 머릿속에 저장된 정보를 추적하여 생각해 내는 장면이었습니다. 그 능력은 약의 효과로 인해 가능한 것이었지만, 머릿속에 있는 정보를 원할 때 꺼내는 과정을 보면서 '인출의 중요성'을 생각해 볼 수 있었습니다.

곱셈구구는 어떻게 공부하는 게 좋을까요? 누군가는 '곱셈구구를 아이들에게 외우게 하지 말고, 원리를 알게 하라.'라고 말하고, 또 다른 누군가는 '곱셈구구를 바로바로 적용하기 위해서는 외워야 한다.'라고 말하기도 합니다.
곱셈구구를 암기하지 않아도 원리를 알면 문제를 풀 수는 있지만, 일일이 원리를 적용하게 된다면 많은 시간이 소요될 것입니다. 그 때문에 암기하지 않는 학생들의 경우, 시간이 충분하면 풀 수 있는 문제도 주어진 시간 안에 해결하지 못해 좋은 점수를 얻지 못하기도 합니다. 이러한 경우를 생각한다면 곱셈구구는 기본적인 원리 이해와 어느 정도의 암기가 병행되어야 한다는 생각이 듭니다.
제가 어렸을 적 곱셈구구를 처음 배울 때, 구구단을 다 외울 수 있을 때까지 남아야 했었습니다. 그런데 요즘에는 이렇게 무조건 외우는 것만 요구하지는 않습니다. 창의융합형 인재가 되기 위해서는 알고 있는 정보를 활용해서 원하는 대로 꺼내서 조합하는 능력이 더 중요하기 때문입니다.

▲ 보드게임을 활용한 곱셈구구

▲ 보드게임을 활용한 곱셈구구 학습 사례

이러한 경향으로 인해 최근 정부에서는 게임의 재미 요소와 교육, 훈련, 사회적 문제해결 등 사회적 기여가 결합한 목적성이 있는 '기능성 게임 과제'를 많이 추진하고 있습니다. 게임을 활용하여 아이들이 지식을 활용하게끔 유도하는 것이지요. 예를 들어, 곱셈구구를 게임에 적용하여 공식을 머릿속에서 반복적으로 꺼내는 연습을 하면 자연스럽게 외울 수 있을 것입니다. 연산 문제도 학습지를 반복해서 푸는 것보다 게임으로 접근하면 조금 더 재미있게 학습할 수 있습니다.

영재들만의 인출 학습, '창의적 산출물 연구 활동'

창의융합상상소에서 운영하는 창의적 산출물 연구 활동에 대해 알고 있으신가요? 창의융합상상소는 경기미래영재교육원의 새 이름으로, 맞춤형 영재교육을 통해 창의융합형 인재 육성을 목표로 하는 곳입니다. 2021학년도에 중등 과정이 시범 운영되었으며, 2022학년도에 초등 과정까지 확대되었습니다. 기존 학년별 정해진 교육과정에서 벗어나 초등학교 3~4학년 과정, 5~6학년 과정, 중학교 무학년제로 선택의 폭을 넓히며 단계별(1단계 → 2단계)로 자기 능력과 속도에 맞추어 스스로 산출물을 만들어가는 과정으로 운영됩니다.

최근 창의융합상상소는 3월부터 모집을 한 후, 4월부터 1단계 수업을 진행하고 8월 중순에 배운 내용을 자신이 원하는 주제에 맞게 융합해서 새로운 것들을 만들어 내고 발표하는 '창의적 산출물 연구 활동'을 추진하고 있습니다. 지도 교사가 1단계 과정 이수 학생 중에서 2단계 학생을 선정하고, 9월~11월에는 팀별 프로젝트 활동을 해서 산출물 보고서 및 최종 발표회를 진행합니다.

창의융합상상소가 이러한 방식을 도입한 이유는 영재들에게 효과적인 기억법, 학습법으로 창의적 산출물 연구 활동을 꼽았기 때문입니다. 창의적 산출물 연구 활동을 준비할 때 아이들의 집중력이 오르고 뇌가 활성화됩니다. 이 활동의 교육적 효과가 크다는 것을 알고 있기 때문에 적용한 것이라고 생각합니다.

영재의 인출 학습

1 서울대학교 합격생의 인출 학습

라이브 방송 중에 '인출 연습에는 어떤 방법이 있을까요?'라는 질문이 있어 몇 가지 방법을 정리해 보았습니다. '서울대학교 입학본부 웹진 아로리'의 서울대학교 합격생 인터뷰에 언급된 주요 학습 방법을 바탕으로 창의융합형 인재의 인출 학습법과 제가 생각하는 초등학생 인출 학습 방법에 관해 설명해 드리겠습니다.

가르치기

친구나 후배들의 멘토가 되어 가르쳐 주다 보면 인출 학습에 효과적입니다. 다른 사람을 가르치기 위해 준비하게 되고, 학습에 대한 마음가짐이 달라집니다. 어떻게 설명하면 이해하기 쉬울지 고민하는 과정 속에서 자연스럽게 인출이 이루어지는 것입니다.

"예시를 들어서 설명해 볼까?"

"이런 상황에는 어떤 질문이 나올까?"

스스로 여러 가지 돌발 질문을 쏟아 보는 연습도 좋습니다. 개념을 정확히 알아야 답변할 수 있기 때문입니다. 이러한 과정을 통해 자연히 학습 효과도 기대할 수 있습니다. 한 서울대학교 학생은 가르치기에 대해 다음과 같이 말했습니다.

> **"가벼운 마음으로 친구들에게 물리를 가르쳐 주었는데,**
> **제 공부에 도움이 되었을 뿐만 아니라**
> **친구들의 고마웠다는 문자를 받으니 정말 뿌듯했어요."**
>
> — [2014학년도 자유전공학부 합격자 인터뷰 발췌]

이 학생은 멘토링 활동을 하며 경험했던 뿌듯함을 잊지 못하고 후배까지 가르치게 되었고, 이는 자연스럽게 학습한 내용을 복습하는 계기가 되었다고 합니다. 가르쳐 주는 동안 이미 알고 있던 내용도 다시 한번 정리되고, 말로 표현하는 과정에서 머릿속의 내용을 인출할 수 있었던 것입니다.

노트 정리하기

흔히 교과서를 읽거나, 개념을 배운 뒤 방대한 학습 내용을 본인이 외우고자 하

는 방법대로 보기 좋게 노트에 정리해 본 경험이 있을 것입니다. 노트 정리는 어떻게 하는 것이 가장 효과적일까요?

나에게 어려운 것은 좀 더 자세하게,

내가 아는 것은 핵심만.

위와 같은 기준으로 정리한다면 정리된 내용을 다시 볼 때는 조금 더 빠르게, 핵심 위주로 볼 수 있습니다. 이렇게 만들어진 한 권은 나만의 학습 노트가 될 것입니다. 한 서울대학교 학생은 노트 정리하기에 대해 다음과 같이 말했습니다.

> **"학교에서 어떤 교과를 배우면 끝나자마자 쉬는 시간에 훑어보고 기억할 것을 체크했습니다. 그날 배운 것을 혼자 공부할 때 전부 정리해 저만의 노트를 만들었어요."**
>
> – [2020학년도 통계학과 합격자 인터뷰 발췌]

여러 가지 방법으로 노트를 정리할 수 있지만, 배운 내용의 원리나 개념을 정리할 때는 마인드맵을 활용하면 효과적입니다. 마인드맵의 사전적 의미는 '마음속에 지도를 그리듯이 줄거리를 이해하며 정리하는 방법'입니다. 인출의 중요성에서 언급했듯이 단순히 반복적으로 읽는 것은 뇌에 큰 자극이 되지 않습니다. 교과서를 읽고 자기만의 마인드맵으로 정리하려면, 머릿속에 저장된 정보를 꺼내야 하는데, 이 과정에서 인출이 이루어집니다. 영화나 드라마에서 형사들이 복잡한 사건들을 알기 쉽게, 분석하기 편하게 사진과 중요 단어들을 써서 정리하는 것도 마인드맵이라고 할 수 있습니다.

▲ 학생이 작성한 크로마토그래피에 관한 마인드맵

위 그림은 실제 제 학생이 작성한 마인드맵입니다. 학습한 내용 중에 학생이 중
요하다고 생각하는 내용을 다섯 개의 핵심 가지로 분류하여 보기 쉽게 작성했습
니다. 이 학생은 마인드맵으로 정리하는 활동을 통해 학습한 내용을 더 잘 기억
하게 되었다고 합니다. 이처럼 형식에 얽매이지 않고 중요한 내용이나 기억하고
싶은 내용을 자신만의 방식으로 활용하여 정리하는 것을 노트 정리법이라 할 수
있습니다.

토론하기 (스터디 형식)

토론은 질의응답을 하는 것입니다. 토론을 준비할 때 상대방을 위한 질문을 생각
하고, 상대방의 질문에 대한 답변을 정리하면서 인출 학습이 이루어질 수 있습니
다. 또한, 질문을 받고 답변을 하다 보면 적당한 긴장감과 자극이 됩니다. 적당
한 긴장감과 자극은 뇌를 활성화하여 더 집중할 수 있게 되어서 학습에 효과적입
니다. 한 서울대학교 학생은 토론하기에 대해 다음과 같이 말했습니다.

"토론을 하기 위해서는 '왜?'라는 질문이 기본적이라,
일반 학업에도 질문을 많이 던지게 되었어요.
사실이라고 여겼던 것들에 질문을 던지고
원리를 고민해 보게 되었습니다."

– [2020학년도 소비자학과 합격자 인터뷰 발췌]

어떤 주제에 관해 토론하기 위해서는 그 주제에 대해 정확하게 이해하고 있어야 합니다. 또한, "왜?"라는 질문을 계속하여 자신의 주장에 대해 논리적으로 설명할 수 있어야 합니다. 그러나 모든 학습을 찬성과 반대의 토론 형식으로 하기는 쉽지 않습니다. 이에 대해 친구들과 서로 묻고 답하는 스터디 형식을 제안해 봅니다. 자기가 맡아야 할 부분, 단원을 정하고 공부해서 발표하고, 질의응답을 받으면서 효율적으로 학습하는 것입니다.

스터디와 토론의 경우 진행하기 전부터 많은 준비가 필요합니다. 어떤 질문을 받을지 모르기 때문에 예상 질문을 추려서 답변할 수 있을 정도로 대비하게 되는 것입니다. 이를 통해 그 부분에 대해 더 깊게 알게 되고, 인출을 하면서 학습에 많은 도움을 얻게 될 것입니다.

대상을 설정하여 공부한 내용을 말로 풀어내는 가르치기, 기억하고 싶은 중요한 내용을 자유로운 양식으로 노트에 적으며 학습하는 노트 정리하기, 동료 학습자와 논의를 통해 학습 내용을 효율적으로 공부하는 토론하기까지… 서울대학교에 합격한 학생들의 인터뷰 내용을 바탕으로 창의융합형 인재의 3가지 인출 학습 방법을 소개해 드렸습니다. 제시된 내용들이 모두 좋은 방법이라는 것은 알 수 있지만, 초등학생에게 바로 적용하기는 다소 어려울 수 있습니다. 초등학생의 수준에 맞게 적절하게 조정해 보아도 좋을 것입니다.

2 초등학생 인출 학습

그렇다면, 초등학생들이 하면 좋을 만한 수준의 인출 학습은 무엇일까요? 학생들이 배운 내용은 어떻게, 어느 정도 수준으로 정리하면 좋을까요? 많은 학생들과 수업하면서 언제 가장 집중을 잘하고 학습 효과가 좋은지 관찰해 보았습니다. 지켜본 결과, 학생들은 과학 탐구 대회를 준비할 때나, 목표한 영재교육원의 대비 수업을 들을 때와 같이 달성하고자 하는 구체적인 목표가 있을 때 학습이 잘 이루어졌습니다. 이러한 이유로 대회 주최 측과 영재교육원도 학생들의 인출 학습 능력을 향상하기 위한 대회 방식을 선정하고, 영재성을 기르기 위한 창의산출물 대회를 진행합니다. 초등학생들의 자연스럽고 효과적인 인출을 이끄는 주요 과학 탐구 대회와 영재교육원 진행 절차를 살펴보겠습니다.

전국과학전람회

작품 요약서 및 설명서 → 발표(심사) → 작품 전시

전국과학전람회는 과학적 원리로 설명할 수 있는 작품을 만드는 대회로, 가장 대표적인 과학 대회입니다. 초등학교 4학년부터 참가할 수 있으며, 자기 작품에 대한 작품 요약서와 작품 설명서를 작성하고, 심사에 통과하면 국립중앙과학관 특별전시장에 작품을 설치할 수 있습니다. 작품을 만드는 과정에서 생활 속 불편한 부분을 조사하고 해결 방법을 연구하면서 심도 있는 학습을 합니다.

학생들은 자신이 알고 있는 과학적 원리를 바탕으로 아이디어를 산출하고 작품을 제작하게 되는데, 이 과정에서 인출 학습을 경험하고 학습 능력이 많이 향상됩니다. 또한, 생활 속에서 발전시킬 수 있는 요소를 관찰하고 해결 방법을 고안해 내는 것을 통해 창의력 및 과제 집착력을 기를 수 있습니다.

한국과학창의력 대회

탐구 활동 과제 제시 → 탐구보고서 제출 → 전국 대회

한국과학창의력 대회는 초등학교 4학년부터 지원할 수 있으며, 발표된 주제를 바탕으로 보고서와 산출물을 작성하는 방식으로 진행됩니다. 1차에서 선발된 학생들은 실시간 화상 회의 시스템으로 한 명씩 탐구한 내용에 대해 발표하고 질의응답을 진행합니다. 탐구할 주제와 함께 해결할 과제가 발표되면 주제에 대한 자료 조사를 하며 학습에 집중하게 됩니다.

발표된 탐구 주제는 꼬리에 꼬리를 무는 탐구 문제들로 구성되어 있어, 탐구보고서 작성부터 산출물을 제작하는 과정까지 많은 인출 학습이 이루어집니다. 또한, 문제에 대한 해결 방법을 찾기 위한 과제 집착력까지 기를 수 있습니다.

자유과학탐구대회

주제 선정 → 가설 설정 → 탐구 수행 → 탐구보고서 작성

자유과학탐구대회는 교실 수업에서 진행할 수 없는 다양한 과학 탐구 활동과 체험 활동을 할 수 있는 대회로, 초등학교 5학년부터 참가할 수 있습니다. 탐구 주제는 참가자가 관심 있는 내용을 자유롭게 선정할 수 있습니다.

전 과정을 자기 주도적으로 수행하는 것이 원칙인 대회이므로 준비 과정에서 탐구 활동에 대한 자료 조사를 통해 다양한 실험 방법들을 배울 수 있습니다. 체득한 정보를 바탕으로 문제를 해결하는 과정에서 인출 학습을 경험할 수 있어 학생들의 학습 능력이 많이 향상됩니다.

영재교육원

모집 → 지필 평가 → 면접 평가 → 대상자 선발 → 수업 → 창의산출물 평가

영재교육원은 지필 평가와 면접 평가로 학생을 선발하여 모둠 수업으로 영재교육을 진행하고, 11월에는 창의산출물 대회를 통해 창의산출물 평가를 합니다. 3~4명씩 조별 또는 개인별로 탐구할 주제를 정해서 창의산출물을 만들고 발표합니다.

영재교육원의 흥미로운 수업뿐만 아니라 영재성을 기를 수 있는 창의산출물 대회를 진행하는 과정을 통해 인출 학습을 경험하고 학습 능력을 기를 수 있습니다.

안쌤이 생각하는 초등학생 인출 학습

주제 발표 및 선정 → 자료 조사 → 가설 설정 → 탐구 설계
→ 탐구 수행 및 결과 → 결론 도출 → 발표 자료 작성 → 발표 → 질의응답

앞에서 알아본 내용들의 공통점을 분석하면 다음과 같습니다. 주제가 정해지면 자료를 조사한 후 탐구 주제를 선정하고, 가설을 설정한 후에 탐구를 진행합니다. 발표 자료는 탐구보고서나, 산출물, 작품 요약서, 작품 설명서와 같이 대회의 종류에 따라 조금씩 달라질 수 있습니다. 더 나아가 발표할 기회가 주어진다면 보드판을 만들어서 발표를 진행해야 합니다. 이러한 진행 방식은 아이들의 인출 학습에 도움이 되고, 창의융합형 인재의 능력을 기를 수 있는 학습 방법입니다.

학습 효과를 극대화하는 인출 학습 방법을 자주 적용하면 좋겠지만, 수업 시간에 모든 과정을 진행하게 되면 시간이 부족하고, 방대한 학습량에 아이들이 힘들어하는 경우가 많습니다. 그래서 저는 아이들이 지루해하지 않으면서 수업에 적극적으로 참여하고, 자연스럽게 인출 학습까지 이루어지는 효율적 수업 모델을 고안해 보았습니다.

2 안쌤이 생각하는 효율적인 수업 모델

예습 · 복습 – 발표 자료 제출 – 수업 중 발표

제가 제시하는 인출 학습의 효율적인 수업 모델은 다음과 같습니다. 먼저 발표 주제에 대해 개인적으로 예습과 복습을 진행하고, 과제를 수행한 뒤 선생님에게 발표 자료를 제출합니다. 그리고 제출한 자료를 바탕으로 수업 중에 발표를 진행하고 피드백을 받는 것입니다. 이러한 수업 모델은 최근 교육 방법으로 많이 활용되고 있는 '거꾸로 수업(Flipped Learning)'의 형태를 띠고 있기도 합니다. 이는 학생들이 학습할 내용을 사전에 공부하여 과제를 수행하고, 수업 중 발표로 그것을 확인하는 방법입니다. 이러한 방법을 통해 수업 시간 내에 모든 과정을 다 다루어야 하는 학습 부담을 줄일 수 있습니다. 또한, 학생들이 직접 예습, 복습한 자료를 바탕으로 작성한 발표 자료로 어떤 부분을 정확하게 이해하고, 어떤 부분에 오개념을 형성하고 있는지 등의 기본 학습 개념 형성 수준을 파악할 수 있습니다. 더 나아가 학생들이 직접 제작한 발표 과제를 수업 내용으로 다루기 때문에 학생들로부터 수업에 대한 주인 의식과 흥미를 고취할 수 있습니다.

예를 들어, '식물 키우기'와 관련된 수업을 진행할 때, 이전에 배운 내용을 복습할 수 있는 과제와 식물을 실제로 키워보고 일주일 후의 모습을 찍어서 보내달라고 하는 것입니다. 아이들이 직접 과제를 하고 실험하는 과정에서 예습과 복습이 한 번에 이루어지게 됩니다. 더 나아가, 수업 시간에 아이들이 보낸 자료를 함께 보며 이야기하면 수업 참여도가 높아지고 자연스럽게 인출 학습이 이루어집니다.

실제로 저는 작년 팩토사이언스 실험 수업을 이와 같은 방법으로 진행했습니다. 수업에 참여한 학생들은 미리 교재와 실험 교구로 실험을 진행하고, 실험 결과 영상과 발표 자료, 탐구보고서를 찍어 보냅니다. 이후 저는 학생들의 발표 자료를 넣어 수업을 준비하고, 온라인 수업에서 학생들의 발표 자료와 탐구보고서를 제시하며 실시간으로 피드백합니다. 직접 제작한 자료들을 바탕으로 한 수업이기 때문에 학생들은 피드백을 빠르게 이해하고 받아들입니다. 그리고 다른 학생들의 발표 자료를 보면서 탐구 노하우를 서로 나누는 모습을 볼 수 있었습니다. 이러한 수업 모델을 한 번이라도 경험해 본 학생들은 학습에 흥미를 느끼게 되었고, 이후로도 즐거운 수업을 위해 계속해서 적극적으로 참여하는 모습을 보였습니다.

이어서 실제 제 수업을 수강한 학생들과 부모님께서 수업 후 느낀 점을 직접 작성해 주신 수업 후기를 제시합니다. 학생 및 부모님의 반응을 통해 제가 활용한 인출 학습 방법의 효과를 알 수 있습니다.

실제 학생들의 후기

1학년 천서현 학생

▲ 천서현 학생이 수업 때 피드백을 받는 모습

▲ 천서현 학생이 예습하면서 촬영한 실험 영상

◐ 예습을 하면서 느낀 점

수업 전에 교재를 미리 살펴본 후 교구를 활용한 실험 영상을 찍었습니다. 개념 정리를 읽고 확인 문제를 풀면서 수업 내용을 미리 살펴볼 수 있어 수업 시간에 자신감이 생겼습니다. 예습 때 헷갈리는 부분은 따로 표시해 수업 시간에 해결할 수 있었습니다.

◐ 발표 자료를 공유하고, 선생님의 피드백을 받을 때의 느낀 점

발표 자료의 정답이 무엇인지, 내가 맞췄는지를 궁금해하면서 수업에 더 집중하고 관심을 가질 수 있었습니다. 안쌤은 오답을 제출했을 때도 마음이 상하지 않도록 친절하게 설명해 주시기 때문에 잘 몰랐거나 헷갈렸던 부분들을 채워갈 수 있었습니다.

◐ 수업 후 변화된 모습 (다음 수업에 대한 마음, 학습 효과)

집중해서 수업을 들을 수 있었고 열정적으로 예습하면서 수업에 참여하고자 하는 마음이 생겼습니다. 예습 시 촬영을 하면서 글을 또박또박 바르게 읽을 수 있게 되었고, 주변 사물에 대해 많은 관심을 보이게 되었습니다.

◐ 학부모님의 느낀 점

예습하면 생소한 내용을 배우는 것이 아니기 때문에 수업 내용의 이해가 쉽고, 그로 인해 아이에게 자신감이 생깁니다. 50분 정도 되는 수업 시간에 집중하여 참여하고 유튜브 실시간 강의 댓글 창을 통해 소통할 수 있는 즐거운 과학 시간이었습니다. 감사합니다!

실제 학생들의 후기

1학년 한예빈 학생

▲ 한예빈 학생이 수업 때 피드백을 받는 모습

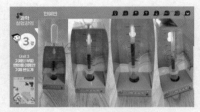

▲ 한예빈 학생이 예습하면서 촬영한 실험 영상

⊙ 예습을 하면서 느낀 점

수업할 내용을 미리 실험하고 탐구보고서를 작성한 후 강의를 들었습니다. 어려웠던 내용도 수업 시간에 선생님의 설명을 들으니 이해도 더 잘 되고 재미있게 느껴졌습니다.

⊙ 발표 자료를 공유하고, 선생님의 피드백을 받을 때의 느낀 점

직접 실험한 후, 다른 친구들의 실험 영상과 보고서 등을 함께 보니 수업에 더 흥미가 생겼습니다. 수업 시간에 발표하는 제 목소리가 나와서 더 집중할 수 있었습니다. 실험하면서 어려웠거나 궁금했던 점을 선생님께 질문하고 소통할 수 있었던 점이 실시간 수업의 큰 장점이었던 것 같습니다.

⊙ 수업 후 변화된 모습 (다음 수업에 대한 마음, 학습 효과)

온라인 수업이지만 예습한 내용이 화면에 보이는 것 자체만으로 수업에 흥미와 집중력, 자신감이 생겼습니다. 수업이 끝난 후 실험 결과물을 다시 만져보고 배웠던 과학 원리나 핵심 용어를 읽기도 하면서 과학에 더 쉽게 다가갈 수 있었습니다. 혼자 영상만 보고 끝나는 실험 수업이었다면 이 정도까지 재미있게 수업에 참여하지도, 끝까지 해내지도 못했을 것 같습니다.

⊙ 학부모님의 느낀 점

아이가 안쌤 수업을 들으며 과학을 더 좋아하게 되고, 과학자라는 꿈을 가지게 되었어요. 항상 아이들에게 친근함으로 수업해 주시는 선생님께 감사드립니다.

실제 학생들의 후기

3학년 노현주 학생

▲ 노현주 학생이 수업 때 피드백을 받는 모습　　▲ 노현주 학생이 예습하면서 촬영한 실험 영상

◎ 예습을 하면서 느낀 점

교재와 실험 교구로 예습하면서 수업 주제와 목표를 확인할 수 있습니다. QR코드로 실험 가이드 영상을 볼 수 있어서 혼자 학습이 가능하고, 직접 탐구하는 것이 좋았습니다. 배울 내용을 전체적으로 볼 수 있고, 알고 있는 것과 모르는 것을 확인할 수 있어서 수업에 집중할 수 있었습니다.

◎ 발표 자료를 공유하고, 선생님의 피드백을 받을 때의 느낀 점

예습하면서 만든 실험 과정 및 결과, 보고서 자료를 수업 때 반영해 주셔서 비대면 수업임에도 실시간 피드백을 받을 수 있었습니다. 실험 결과가 잘 나오지 않을 때, 함께 듣는 친구들과 아쉬움을 공유하며 위로받고 자존감이 올라갔습니다. 같은 실험에 여러 결과가 나오기도 해서 친구들과 비교하고 성장할 수 있었습니다. 다양한 생각을 공유하고 궁금했던 부분은 질문할 수 있어서 좋았습니다.

◎ 수업 후 변화된 모습 (다음 수업에 대한 마음, 학습 효과)

실험부터 보고서까지 다 예습하려다 보니 어렵기도 했지만, 수업 때 피드백을 받고 나면 다음에 더 잘하고 싶고, 수업에 적극적으로 임하게 됩니다.

◎ 학부모님의 느낀 점

실시간 수업에서 학생들 대부분이 적극적으로 임하는 모습이 인상적이었어요. 일방적 전달식 강의가 아니라 실시간으로 경청하고 있는지, 이해했는지 확인하시면서 학습자가 주인공이 되도록 이끌어주셔서 만족스러웠고, 이것이 수업에 계속 참여하고 싶은 마음을 주지 않았나 싶어요.

실제 학생들의 후기

4학년 김유준 · 김유찬 학생

▲ 김유준 · 김유찬 학생이 수업 때
피드백을 받는 모습

▲ 김유준 · 김유찬 학생이 예습하면서
촬영한 실험 영상

◐ 예습을 하면서 느낀 점

수업을 듣기 전에 교재와 동영상을 보면서 실험하면 자세히 알지 못했던 내용이나 몰랐던 부분을 배울 수 있고, 직접 실험하면서 관찰하는 게 재미있어서 계속하고 싶은 욕구가 생깁니다.

◐ 발표 자료를 공유하고, 선생님의 피드백을 받을 때의 느낀 점

저희가 만든 결과물이 수업 중에 공개되면 자랑스럽고 뿌듯합니다. 선생님의 피드백을 받으면서 작성한 탐구보고서의 어떤 부분을 수정해야 하는지 알 수 있어 막연함이 사라져서 좋습니다.

◐ 수업 후 변화된 모습 (다음 수업에 대한 마음, 학습 효과)

예습과 실시간 피드백을 통해 수업에서 배운 내용을 더 확실하게 이해할 수 있어서 좋고, 다음 수업이 더 기대되어서 더 열심히 하게 되는 것 같습니다.

◐ 학부모님의 느낀 점

학생이 습관적, 의무적으로 정해진 시간에 가만히 앉아 선생님의 설명을 주입식으로 듣는 수업이 아니라, 주체적으로 미리 수업 내용을 생각, 실험, 관찰해 볼 수 있는 수업이라 보기 좋았습니다. 자신이 느꼈던 내용을 바탕으로 강의를 들으면서 예습한 내용이 확고한 지식으로 전환되는 과정에서 더 몰입하게 되고, 수업에 적극적으로 임하게 되는 것 같습니다. 안쌤의 교육 덕분에 아이들이 다른 공부를 할 때도 자기 주도 학습을 하고 있어 옆에서 지켜볼 때 만족스럽습니다.

실제 학생들의 후기

4학년 김규리 학생

▲ 김규리 학생이 수업 때 피드백을 받는 모습

▲ 김규리 학생이 예습하면서 촬영한 실험 영상

◉ 예습을 하면서 느낀 점

처음 강의를 듣는 날 예습해야 하는지 모르고 수업에 참여해서 어려웠는데, 안쌤께서 다른 친구들이 실험한 영상과 사진을 소개해 주셔서 빨리 참여해 보고 싶다는 생각이 들었습니다. 이후 열심히 활동한 보고서와 영상을 보냈고, 제 자료를 소개해 주실지 기대되고 설레었습니다.

◉ 발표 자료를 공유하고, 선생님의 피드백을 받을 때의 느낀 점

실험하다 보면 실패하는 날도 있었습니다. 이런 결과도 보내도 될지 고민하다 솔직하게 보고서를 써서 보냈더니 안쌤께서 왜 실험 결과가 잘못되었는지 설명해 주시고 응원해 주셔서 좋았습니다. 이제는 실험이 성공하면 기쁘지만 실패한다고 해도 속상하지 않습니다. 다른 친구들은 어떻게 성공했는지 집중해서 보면서 다음에 그렇게 해 봐야겠다고 생각할 수 있게 되었습니다.

◉ 수업 후 변화된 모습 (다음 수업에 대한 마음, 학습 효과)

인터넷으로 수업을 듣다 보면 집중이 안 되거나 졸리기도 한데, 안쌤과의 수업은 제가 보낸 사진이랑 영상을 소개해 주셔서 집중이 잘 되었습니다. 예습하고 수업을 들으면 더 이해가 잘 되는 것도 경험해서 알게 되었습니다. 그래서 다른 수업을 들을 때도 예습하는데, 효과가 있는 것 같습니다.

◉ 학부모님의 느낀 점

비대면 강의의 집중도와 이해도에 대한 걱정이 많았는데, 안쌤 수업을 통해 의지와 배경지식이 있다면 대면 수업이 아니더라도 많은 것을 배울 수 있다는 것을 알게 되었어요. 실패의 두려움을 낮춰주시고 도전의 즐거움을 알게 해 주신 안쌤께 감사드리고, 주변에도 추천하고 싶어요.

안쌤의 특별한 멘토링

▶ 영재들의 학습법 **라이브 방송 Q&A**

주요 채팅 다시보기 ●

요즘 아이랑 영어 공부 중인데요, 코에 손을 대고 하는 '코코코 눈' 게임을 영어로 해 보았어요. 몇 번 하니 아이가 이목구비 영어 단어는 금방 외우더라고요. 이렇게 학습하는 방법도 인출 학습이라고 할 수 있을까요?

↳ 아이들은 즐겁게 게임을 하는 것을 좋아하지요. 특히, '코코코 눈' 게임은 어머님과 반복적으로 액션과 함께 영어 단어들을 인출하는 재미있는 게임이라고 생각합니다. 어머님께서 즐거운 게임으로 학습 내용을 제시해 주시니 아이가 금방 외우게 된 것 같습니다. 말씀하신 대로 인출 학습의 좋은 사례라고 생각됩니다.

경기도 창의융합상상소가 궁금합니다. 각 단계는 구체적으로 어떻게 되나요?

↳ 선발 안내문에 따르면 창의융합상상소는 원칙적으로 1년 단위로 운영됩니다. 1단계는 희망하는 모든 학생들의 진로 및 관심 분야 탐색의 기회 확대를 목적으로 영재성을 발굴하는 것이라면, 2단계는 1단계 성실 이수자 중 연구 프로젝트나 주제가 비슷한 학생들을 모둠으로 구성하여 온라인·오프라인상에서 멘토 교사의 지도 아래 학생 주도 프로젝트를 수행합니다. 비슷한 분야의 탐구 열정을 가진 학생들이 모여 프로젝트 중심의 영재 활동이 이루어지게 된다고 생각하면 좋을 것 같습니다.

경기도 융합과학교육원의 창의융합상상소 3단계 대상자 공고에 따르면 2단계를 수료하거나 수료 예정인 학생 중 우수자를 선발하여 4월부터 12월까지 심화한 학생 주도 프로젝트 연구 활동을 진행합니다. 이번에 진행하게 되는 3단계 대상자 모집 전형에서도 1차 전형인 서류 심사에는 학생의 자기소개서와 2단계의 산출물이 필요하며, 자기소개서에서는 학생의 연구 주제와 계획을 작성해야 합니다. 이후 2차 전형에서는 제시된 프로젝트 수행을 통해 과정 중심 평가를 진행합니다. 즉, 산출물 발표가 매우 큰 비중을 차지하는 것을 알 수 있습니다.

창의융합상상소의 모집 요강이 변경될 수 있으므로 1, 2단계는 경기도 각 교육지원청 창의융합상상소, 3단계는 경기도 융합과학교육원 모집 공고를 확인하시기를 바랍니다.

👤 **창의적 산출물 연구에서 가장 중요한 것은 무엇일까요?**

↳ 창의적 산출물 연구 활동은 학생 스스로 주제를 선택하고, 자신이 추구하는 방법과 자유로운 활동을 통해 합리적·창의적으로 문제를 해결하려는 태도를 기르는 것이 교육 목표라고 할 수 있습니다. 그 때문에 학생 스스로 해결할 수 있는 문제를 연구 주제로 선정하는 것이 가장 중요하지 않을까 싶습니다. 어른들의 도움이 필요한 내용을 연구 주제로 선정하는 것 자체가 교육 목표에 어긋난다고 생각됩니다. 스스로 해결할 수 있는 연구 주제를 바탕으로 연구 계획서를 명확하게 작성하고, 탐구 활동에 필요한 자료 수집, 분류, 분석, 종합 등의 방법으로 문제를 해결하며 연구를 진행해야 할 것입니다. 또한, 자신의 연구 결과나 의견을 정확하게 표현할 수 있는 발표력도 중요할 것입니다.

👤 **창의적 산출물 연구를 어떻게 평가하는지 궁금합니다.**

↳ 창의적 산출물 연구 활동의 평가 기준은 다음과 같습니다.

- 참신하고 해결 가능한 주제가 선정되었는가?
- 연구 주제에 적절한 연구 과정과 문제해결력은 창의적으로 전개되었는가?
- 다양하고 창의적인 방법으로 보고서 및 생산물이 제작되었는가?
- 연구 과정과 결과가 잘 드러나게 발표하며 질문에 적절히 응답하는가?

평가 기준을 살펴보면 창의적 산출물 연구는 단순히 연구 계획만 세우는 것이 아니라 그것을 직접 수행하고, 보고서를 작성하며 그에 알맞은 산출물을 만들어 내야 합니다. 그뿐만 아니라 발표를 통해 자신의 연구 결과를 다른 사람에게 전달하고, 연구 결과에 대한 질문에 적절하게 응답할 수 있도록 준비해야 합니다. 창의적 산출물 연구 활동에 대한 세부 평가 기준은 '창의융합상상소 영재교육과정 운영 계획서'에서 확인할 수 있으니, 자세한 사안은 홈페이지를 참고해 주십시오.

실천 노트

연구 계획서 작성하기

[경기도 창의융합상상소 3단계 지원자 자기소개서 양식 발췌]

제출자	( ) 초등학교 ( )학년 성명: ( )
관심 분야	과학 ( ), 수학 ( ), 환경 ( ), 정보 ( ), 로봇 ( ), 인문 ( ), 예술 ( ) ※ 해당 분야에 ○ 표시, 복수 응답 가능

연구 주제	
연구 계획	

체크리스트

연구 계획서 확인하기

문항	매우 아니다	아니다	그렇다	매우 그렇다
연구 주제를 명확하게 작성했는가?	☐	☐	☐	☐
연구 주제가 의미가 있으면서 스스로 해결할 수 있는 주제인가?	☐	☐	☐	☐
주제 선정 동기를 작성했는가?	☐	☐	☐	☐
연구 방법 및 과정을 기간별로 작성했는가?	☐	☐	☐	☐
연구 내용을 명확하게 작성했는가?	☐	☐	☐	☐
연구에 필요한 준비물 등을 작성했는가?	☐	☐	☐	☐
서적, 신문, 뉴스 등 참고 자료를 작성했는가?	☐	☐	☐	☐

3교시

·

영재의
사고력 자극 학습

아이의 사고력 발달 수준을 파악하는 방법

우리 아이는 적절한 사고력 발달 교육을 받고 있는가?

한때 '스토리텔링'과 같이 아이들의 사고력을 요구하는 문제들이 유행했습니다. 특정 상황이 나타나 있는 사진이나 그림을 제시하고, 다음에 이어질 이야기 또는 이 상황이 벌어진 이유에 대해 자신만의 이야기를 만들어서 쓰는 문제입니다. 그렇다면, 스토리텔링 문제를 잠깐 살펴볼까요?

위 사진을 보고, 사진 속의 상황이 벌어진 이유에 대한 이야기를 만들어 봅시다. 직접 글로 쓸 필요는 없고, 어떤 상황인지 생각만 해 보아도 좋을 것 같습니다.

사진에 관한 이야기를 만들기 위해서는 먼저 사진이 어떤 상황을 나타내고 있는지 주의 깊게 살펴보는 것이 좋습니다. 사진 속에는 무언가를 적고 있는 경찰관과 바닥에 앉아서 낚싯대를 잡고 있는 사람이 있습니다. 조금 더 자세히 보면 낚시하는 사람이 잡고 있는 낚싯대는 하수구에 들어가 있습니다. 또한, 장소는 기차역 앞 광장으로 보입니다.

사진을 충분히 살펴보았으니 이 사람은 왜 여기에서 낚시를 하고 있는지 이야기해 볼까요? 학부모 설명회에서 같은 사진을 보여준 후 참여하신 분들께 이야기를 만들어 보라고 했을 때 '소중한 반지나 중요한 열쇠를 하수구에 빠뜨렸는데 그걸 꺼내기 위해서 낚싯대를 사용하는 게 아닐까요?'라는 답변을 많이 하셨던 것 같습니다. 지금 이 글을 읽는 분들 중에도 이와 비슷한 생각을 하시는 분들이 많을 것이라 생각합니다.

저는 이 사진에 대해 다음과 같은 이야기를 만들어 보았습니다.

> 최근 경기가 안 좋다 보니 권고사직을 당했다. 이후 몇 달째 취직이 안 돼서 생활비가 떨어졌다. 그래서 고민하며 집안을 둘러보는 중 낚싯대를 발견하고, 물고기를 잡아 끼니를 해결하기 위해 밖으로 나갔다. 교통비가 없어서 먼 강이나 바다에는 못 가니 물이 있는 하수구에서 낚시해 보기로 결정했다. 첫째 날은 2시간 동안 낚시했는데, 물고기를 잡을 수 없었다. 그래서 둘째 날은 오전부터 낚시했지만 역시 물고기를 잡을 수 없었고, 셋째 날은 하루 종일 낚시했다. 며칠 동안 이 모습을 지켜보던 한 시민이 경찰에 신고하여 경찰관에게 조사를 받는 중이다.

제가 만든 이야기에서 어떤 점이 이상하게 느껴지시나요? 낚시를 하는 사람은 하수구에서는 물고기가 잡힐 리가 없음에도, '물고기가 잡힐 거야.'라는 헛된 생각에 며칠 동안 시간을 낭비했습니다. 이는 판단력이 부족하기 때문이라고 할 수 있을 것입니다. 제가 위와 같이 약간은 터무니없는 이야기를 만들어 본 이유는 부모님과 사고력 학습에 대해 함께 생각해 보고 싶어서입니다.

아이의 학년이 올라갈수록 달라지는 학교 수업과 평가 방법에 대비하고, 과학 탐구 대회나 영재교육원을 준비하다보면 부모님께서는 '이제 우리 아이에게 사고력 학습을 시켜야겠다.'라는 생각을 하게 될 것입니다. 이에 관련된 학습 정보들을 찾다보면 아이에게 시킬 다양한 사고력 학습의 종류를 알게 됩니다. 일반적으로 가장 많이 접근하실 수 있는 방법에는 학원을 보내거나, 온라인 강의를 듣게 하거나, 교재를 풀게 하는 것 등이 있습니다. 그리고 이 방법들 중 1가지를 선택해서 아이의 사고력 학습을 진행하실 것입니다.

가정을 하나 해 보겠습니다. 만약 부모님께서 선택한 방법으로 아이가 사고력 학습을 시작했는데, 눈에 띄는 변화를 찾아볼 수 없다면 어떻게 해야 할까요? 이럴 때 어떤 부모님께서는 앞선 이야기에서 '물고기가 잡힐 것 같아.'라고 하며 하염없이 기다리기만 했던 남자처럼 객관적으로 판단하지 못하고, '계속하다 보면 아이의 사고력이 길러지겠지.'라는 막연한 생각으로 기존의 방법을 고수하십니다. 이는 실제로 아이의 사고력이 향상되고 있는지 정확하게 판단하기 어렵기 때문입니다. 그러한 이유에서 '조금만 더 하면 될 것 같아.'라고 스스로 암시하면서, 다른 방법의 가능성에 대해 돌아보지 않는 분들이 많습니다.

아이의 학년이 점점 높아질수록 부모님께서는 마음이 조급해집니다. '우리 아이의 사고력을 자극하고 깨워야 하는데, 이미 너무 늦은 것은 아닐까?'와 같은 불안감이 엄습합니다. 불안한 마음에 객관적인 분석 없이 급하게 대책을 찾다가 잘못된 판단을 내리는 경우가 생기기도 합니다. 따라서 적절한 판단 기준에 따라 객관적으로 분석해 판단해야 하며, 아이에게 맞지 않는 학원이나 강의, 교재를 계속 이용하는 것은 사고력을 기르려는 아이에게 시간 낭비가 될 수 있다는 것을 잊지 말아야 합니다.

특히, 아이가 어렸을 때는 부모님이 인도해 주는 대로 따라갈 수밖에 없기 때문에 아이에게 적절한 사고력 발달 교육을 찾는 과정은 필수적입니다. 이 중요한 과정을 위해 부모님께서 아이의 사고력이 발달되었는지, 사고력을 잘 활용하고 있는지 판단할 수 있는 기준을 알려드리겠습니다.

우리 아이는 사고력을 활용하고 있는가?

실제로 어떤 문제를 풀고 그 문제에 대해 아이들과 이야기해 보면 몇 마디만 들어 보아도 문제를 풀 때 생각을 하면서 풀었는지, 그렇지 않았는지를 알 수 있습니다. 똑같은 문제에 대해 다음 네 명의 아이가 답을 말하는 태도를 보고, 이 중에서 실제로 생각해서 문제를 푼 아이가 누구인지 알아맞혀 볼까요?

• 문제를 대충 읽으면서 답을 말하는 아이
• 문제를 읽다가 눈치를 살짝 보고 답을 말하는 아이
• 문제를 읽은 후 고민하다 자기 생각과 함께 답을 말하는 아이
• 문제를 읽고 좀 생각하다가 눈치를 살짝 보고 답을 말하는 아이

네 명의 아이 중 문제의 답을 생각해서 구한 아이는 바로 세 번째 아이입니다. 대개 이런 아이들은 주어진 문제에 대해 빠르게 대답하지 못하는 경우가 많습니다. 그래서 어른들은 아이가 빨리 대답하지 않는다고 잔소리할 수도 있고, 문제를 풀기 싫어한다고 오해할 수도 있습니다. 하지만, 아이들의 대답이 조금 늦더라도 조급해하기보다는 아이들이 스스로 생각을 할 수 있도록 시간을 주고, 기다려 주는 과정이 필요합니다.

사고력 자극을 받지 않은 아이는 어떤 특징이 있을까요?

제가 만난 아이 중 사고력 자극을 받은 경험이 적은 아이들은 다음과 같은 특징이 있었습니다.

첫 번째, 수학 문제를 풀 때 조건이 바뀌면 풀지 못하는 아이

보통 수학에서는 필수 예제를 우선 풀어 보고, 예시 답안을 확인한 후 비슷한 유형의 문제를 많이 풀면서 연습하도록 합니다. 그 후 조건이 바뀌거나 추가된 문제들을 풀면서 실력을 향상시킵니다. 대부분 이러한 방향으로 학습할 수 있게 수학 교재들이 구성되어 있습니다. 그런데 유독 조건이 바뀐 문제를 잘 풀지 못하는 아이들이 있습니다. 이 아이들은 사고력에 대해 제대로 된 자극을 받으면서 문제를 풀었던 것이 아니라, 단순히 필수 예제의 풀이를 외워서 반복한 것이라고 볼 수 있습니다.

TV에서 수능 만점자가 수학을 학습한 요령에 관해 이야기하는 것을 본 적이 있습니다. 하나의 필수 예제를 풀 때 직접 조건을 바꾸어서 다른 문제를 만들고, 이렇게도 풀어 보고, 저렇게도 풀어 보았다고 합니다. 개념을 확실하게 이해하기 위해 그런 것이라고 볼 수 있지요. 이렇게 공부한 학생은 문제를 관통하는 규칙을 찾고 다양한 유형의 문제들이 나왔을 때 빨리 생각하고 적용해서 풀 수 있게 됩니다.

풀이 과정을 중간 중간 점검해 주지 않으면, 실제로 아이들이 생각해서 문제를 푸는지, 그냥 이전에 풀었던 문제의 풀이 방법을 그대로 외워서 문제를 푸는 것인지 알 수 없습니다. 그러므로 문제를 단순히 많이 풀게 할 것이 아니라, 어떻게 풀었는지 스스로 생각할 수 있도록 지도하는 것이 좋습니다.

두 번째, 실험하다가 잘 안 되면 포기하는 아이

과학 실험 수업을 진행하다 보면 실험이 잘 진행되지 않을 때 '그냥 안 할래요.' 라며 포기하는 아이들이 종종 있습니다. 실험이 항상 성공할 수는 없습니다. 잘 안될 수도 있지요. 만약 실험이 실패했다면 실패한 이유를 찾고, 그 문제를 해결해가는 과정이 핵심이라고 할 수 있습니다. 그런데 문제점을 찾아 해결하려고 노력하지 않고, 쉽게 포기하는 아이들은 대부분 왜 실험이 계획대로 되지 않았는지 생각하고 해결하려는 사고력이 부족하다고 할 수 있습니다. 반면에 어렸을 때부터 실험하면서 시행착오를 겪고, 문제를 해결했던 아이들은 쉽게 포기하지 않습니다.

실험은 사고력을 자극하기에 좋은 수업입니다. 예를 들어, 전지와 전구, 스위치를 전선으로 연결하여 전구에 불이 들어오게 하는 실험을 진행한다고 가정해 보겠습니다. 실험의 막바지로 향하던 중, 스위치를 누르면 전구에 불이 들어와야 하는데, 전구에 불이 들어오지 않습니다. 무엇이 문제였을까요? 과학 개념상 전구에 불이 들어오는 것이 맞지만, 실제 실험을 하면 전구에 불이 들어오지 않을 수도 있는 것입니다. 우리는 이때 왜 불이 들어오지 않았는지 학생에게 묻고 해결해 보라고 할 수 있습니다. 학생은 처음에 자신이 알고 있는 과학 개념을 다시 한번 떠올려 보고, 어떠한 문제로 인해 전구에 불이 들어오지 않았는지 생각하며 원인을 확인할 것입니다. 간단한 실험이지만 이러한 과정을 통해 학생들의 사고력과 탐구력을 자극할 수 있습니다. 실험을 많이 해 본 학생들은 전선 연결이 잘못된 부분이 있는지, 전지의 수명이 다 되었는지, 전구의 필라멘트 상태가 괜찮은지 등 예상되는 여러 상황을 확인하면서 원인을 찾고 해결하게 됩니다.

간혹 실험 키트를 구매해서 실험하다 키트가 불량이니 바꿔 달라고 요청하는 부모님이 있습니다. 어떠한 부분이 어떻게 불량인지 정확하게 말씀해 주시면 그 재료를 다시 보내드리지만, 막상 확인해 보면 불량이 아닌 경우가 많습니다. 실험하다가 잘 안 되면 포기하는 아이들처럼 그냥 안 된다고만 하는 분들은 실험 사진을 요청해 어떤 부분을 잘못하셨는지 알려드려서 해결하기도 합니다. 그분들에게도 각 단계를 점검하면서 발생한 문제를 해결하는 과정이 필요한 것입니다. 원인을 찾고 시행착오를 경험하면서 문제를 해결하려는 성찰적·반성적 태도는 삶을 살아가는 데도 많은 도움이 됩니다. 따라서 실험이 잘 안 되면 꼭 원인을 찾아서 해결할 수 있도록 지도하는 것이 좋습니다.

세 번째, 전략 없이 게임에 임하면서 지면 짜증 내는 아이

보드게임으로 수학이나 과학 수업을 진행할 때가 있습니다. 이때도 아이들의 반응이 다양한데, 간혹 게임에서 이기기 위한 전략을 세우거나 고민하지 않고 임하다가 막상 게임에서 지면 짜증을 내는 아이들이 있습니다. 보통 보드게임은 운에 의해서만 결정되는 것이 아니라, 규칙이 정해져 있습니다. 규칙을 정확하게 이해한 후 그것에 맞게 전략적으로 사고하여 이기는 방법을 찾으면 승리할 확률이 높아집니다. 그렇기 때문에 별다른 전략 없이 게임에 참여하는 아이들이 지는 경우가 많은 것입니다. 이때 왜 자신이 졌는지에 대해 생각하기보다 쉽게 짜증을 내는 아이들이 있습니다. 이러한 아이들은 평소에 사고력을 기를 수 있는 자극을 많이 받지 않았다고 볼 수 있습니다. 다만, 아이에게 보드게임의 수준이 맞지 않아서 게임을 이해하지 못하는 경우라면, 적절한 수준의 보드게임을 선택하고 아이가 전략을 세워 이길 수 있도록 지도해 주시는 것이 좋습니다.

저희 막내가 초등학교 1학년 때 4학년인 형과 곱셈구구를 활용한 보드게임을 하고 있었을 때의 이야기입니다. 곱셈구구를 다 외우지 못했던 막내는 게임에 이기고 싶었지만 자꾸 지기만 하니 속상한 마음에 짜증과 화를 내고 있었습니다. 그러한 모습을 지켜보던 저는 막내를 잠시 불렀습니다. 그리고 이 보드게임은 빙고 게임이니 이기기 위해서는 곱셈구구에서 잘 나오는 수를 생각해 보고, 게임 칩을 어떻게 배열하는 것이 유리한지, 주사위를 굴려 나온 수로 어떤 게임 칩을 제거하면 빙고를 잘 만들 수 있는지를 생각해 보라고 조언해 주었습니다. 그리고 형에게는 동생이 곱셈구구를 다 외우지 못했으니 곱셈구구 표를 보면서 게임을 할 수 있도록 동생의 수준에 맞추어 배려해 달라고 말해 주었습니다. 그러자 막내는 알려준 내용을 바탕으로 전략적 사고를 하기 시작했고, 점차 익숙해져 그토록 원하던 승리를 거둘 수 있었습니다. 게임에서 이기자 뛸 듯이 기뻐하던 막내의 모습이 생생합니다. 이처럼 보드게임에 전략 없이 임하는 아이에게는 전략을 세울 수 있도록 지도하는 것이 바람직합니다.

지금까지 몇 가지 사례들을 확인해 보았습니다. 언급된 내용들을 통해 현재 우리 아이의 사고력이 잘 발달하고 있는지, 혹은 그렇지 않은지 조금은 판단할 수 있을 것입니다. 아이에게 문제를 하나 주고 풀어보라고 한 후 아이의 대답이나 태도를 점검해 주세요. 사고력 자극을 받지 않은 아이들의 특징과 비교해 보면 어느 정도 수준인지 대략 파악할 수 있을 것입니다.

초등 저학년 사고력 학습에 필요한 것

초등 저학년 아이에게 사고력 학습이란?

생각하고 헤아리는 힘을 사고력이라고 합니다. 사고력 학습은 사고력을 길러줄 수 있는 학습을 말합니다. 아이들은 보통 수업을 받거나, 문제를 풀면서 사고력을 기릅니다. 이쯤에서 제가 부모님께 질문하고 싶은 것이 있습니다.

초등 저학년 아이에게 사고력 학습이란 무엇일까요?

먼저, 대상을 초등 저학년 아이로 설정한 이유는 초등 저학년 때 사고력 학습을 제대로 하지 않으면 고학년 때까지도 사고력 학습을 하기 어렵기 때문입니다. 호기심이 생겨 질문을 많이 할 시기에 질문에 대한 답변과 호기심을 해결할 수 있게 도와주지 않으면 자라나서 사고하는 것을 싫어할 확률이 높습니다. 더 나아가 초등 저학년 때에는 배경지식이 많지 않으므로 처음 배우는 내용에 대해 잘 설명해 주어야 하며, 사고력 학습을 통해 명확하게 이해할 수 있도록 해야 합니다.

저는 아이가 세 명인데, 세 명의 성향이 모두 다릅니다. 첫째는 뭔가를 이야기하면 잘 따라오지만, 나머지 두 아들들은 좀 다르더군요. 특히, 초등 저학년인 둘

째와 셋째는 어떤 문제를 풀어보라고 하면, 문제를 제대로 풀지 않고 일단 아무렇게나 답을 말하는 경우가 많습니다. 그 답이 틀렸다고 하면 또 다른 답을 일단 말하지요. 소위 말하는 '찍기'를 하는 것입니다.

이러한 아이들에게 사고력 학습은 생각할 것이 많은 괴로운 일일 수 있습니다. 생각하기 싫은데 억지로 생각해야 하고, 문제를 풀기 싫은데 부모님이 붙잡고 공부시키니 괴롭지 않을까요? 이때 주의할 점은, 아이가 공부하기 싫어하는 모습을 보일 때 절대로 아이에게 화를 내서는 안 되고, 잘 가르쳐 주어야 한다는 것입니다. 어떻게 보면 너무 당연하기 때문에 많은 부모님께서 그 이유를 깊이 생각해 본 적이 없을 것 같습니다. 그래서 제 경험과 함께 설명해 드리겠습니다.

제가 아이를 잘 가르쳐 주어야 한다고 생각한 이유는 앞으로 10년 정도만 지나면 반대의 상황이 찾아오기 때문입니다. 저와 부모님을 보고 느낀 내용입니다. 성인이 되고 나니 부모님께서는 저보다 잘 못하는 게 많아지셨습니다. 컴퓨터나 스마트폰 등을 조작하는 것을 생각해 보면 쉽게 이해할 수 있을 것입니다. 언제부턴가 부모님께서 '인터넷에서 뭐 좀 알아봐 달라.', '스마트폰이 뭔가 잘 안 된다.', '이것 좀 어떻게 하는지 알려 달라.'라고 여쭈어보시는 상황들이 많아졌습니다. 제가 어렸을 때는 부모님께서 무엇이든지 저보다 잘하셨고, 저를 알려주시는 입장이었다면, 어느 순간 제가 자라고 시대가 변하면서 반대의 상황이 된 것입니다.

잘 가르쳐 주는 것은 아이의 사고력 확장에도 큰 영향을 미칩니다. 지인 중 한 분이 사업과 관련된 유튜브를 시작할 때 6학년인 아이의 도움을 받았다고 합니다. 홍보 영상을 만들어서 올리려고 하는데, 어떻게 해야 할지 잘 모르겠다고 했더니 6학년인 아이가 동영상을 편집해 주고, 이미 유튜브에 업로드 된 영상들에 대해서도 이렇게 바꿨으면 좋겠다는 의견을 주었다고 합니다. 기특한 마음에 어떻게 이러한 생각을 했는지 물었더니, 부모님께서 잘 알려주셨던 기억이 있어서 보답하고 싶었다고 했다고 합니다. 부모님의 좋은 가르침이 아이의 사고력과 문제해결력을 키웠고, 그것이 다시 부모님께 돌아간 것입니다.

고학년 아이를 둔 부모님이라면 위 학생처럼 무엇인가 도움을 받았을 수도 있고, 아직 받지 못했더라도 앞으로 10년쯤 후면 아이에게 가르침을 받아야 할 때가 올 것입니다. 또한, 지금 부모님이 아이에게 대하는 태도가 미래에 아이가 부모님을 대하는 태도에 영향을 주지 않을까 하는 생각도 듭니다. 아이를 잘 가르쳐 주는 것은 단순히 화내지 않고 설명을 잘 해 주는 것만을 의미하지 않습니다. 앞으로 아이들이 살아가는 데 필요한 생각하는 힘, 즉 사고력을 길러주기 위해 잘 가르쳐 주는 과정은 필수입니다.

초등학교 저학년 학생이 생각하고, 사고하게 하기 위해서는 무엇이 필요할까요?

초등학교 저학년쯤 되면 아이들은 과학과 관련된 질문이 많아집니다. 이는 그만큼 과학에 관한 관심이 커지고, 주변에서 일어나는 현상에 대한 궁금증이 많아진다는 것입니다. 이에 대해 흥미로운 실험을 통해 일상 속 궁금증을 해결하고, 과학을 재미있게 공부하며 자연스럽게 사고력을 키우도록 지도할 수 있습니다. 반면에 수학의 경우, 일상에서는 아이들이 스스로 관심을 갖고 궁금증이 생겨 질문할 부분이 거의 없기 때문에 사고력 수업이나 사고력 문제를 통해 접하는 경우가 많습니다. 초등 저학년 아이들이 스스로 생각하게 하는 사고력 문제를 풀게 하기 위해서 필요한 것들은 과연 무엇일까요? 기본적으로 읽기, 쓰기, 연산 능력 등이 필요하겠지만, 그 외에도 더 필요한 것들이 몇 가지 있습니다.

사고력 학습에 꼭 필요한 것은 동기 부여와 좋은 자극, 칭찬입니다. 특히, 이 중에서 초등 저학년 아이들에게 가장 학습 효과가 큰 것은 문제를 풀만한 동기를 부여하는 것이라고 생각합니다. 지금부터 각 요소를 하나하나 살펴보도록 하겠습니다.

동기 부여

동기 부여는 학습자의 학습 의욕을 일으키는 것을 통칭합니다. 부모님께서는 동기 부여의 중요성을 알고는 있지만, 방법을 잘 모르겠다고 하시는 경우가 많았습니다. 그렇다면 제가 효과적인 동기 부여 방법을 소개하겠습니다.

이 방법은 새롭고 특별하지는 않지만, 그만큼 효과가 뛰어나 많은 분이 시도해 보셨으면 합니다. 바로 아이가 목표를 달성하면 적절한 보상을 하는 것입니다. 예를 들어, 아이가 공부하는 교재 한 권을 다 끝내면 원하는 선물을 줍니다. 이때 목표는 '교재 한 권을 끝내는 것', 적절한 보상은 '선물'입니다. 아이가 교재 한 권을 끝내는 데 보통 걸리는 시간을 생각하면 중장기적인 목표라고 할 수 있습니다. 단기적인 목표로 생각한다면 오늘 해야 할 분량을 끝냈을 때 그에 걸맞은 보상을 하는 것입니다. 매일같이 선물을 주게 되면 비용이 많이 들 것이라고 걱정하시는 분들도 계시는데, 선물은 꼭 물질적인 것이 아니어도 괜찮습니다. 아이가 원하는 게임, 또는 친구와 놀기 등의 활동으로 보상을 하는 것이지요. 또한, 아이가 선물이나 보상에만 집중할까 봐 걱정하시는 분들도 계시지만, 아이들도 목표를 달성하기 위해 많은 생각을 해야 하는 사고력 문제를 푸느라 고생했으니 적당한 선물이나 보상은 필요하지 않을까요?

▲ 칭찬 챌린지

효과적 동기 부여를 위해서는 목표와 보상, 그리고 진행 상황을 확인할 수 있도록 하는 것이 좋습니다. 그래서 저는 '칭찬 챌린지'라고 불리는 방법을 제안합니다. 아이가 칭찬받을 만한 행동을 했을 때 칭찬 스티커를 1장씩 주고, 총 30장의 칭찬 스티커를 모으는 방식입니다. 이때, 목표 개수를 모으기만 하는 것이 아니라, 어떤 행동을 했을 때 칭찬 스티커를 받을 수 있는지, 30장 중 절반인 15장을 모았을 때의 보상과 30장을 전부 모았을 때의 보상 등을 챌린지를 시작하기 전에 아이와 상의해서 먼저 정하는 것이 좋습니다. 이렇게 하면 아이가 원하는 것이 무엇인지 파악할 수 있고, 적절한 보상에 대해 의논할 수 있습니다. 이 과정에서 아이들에게 동기 부여가 될 것이며, 많은 아이는 칭찬 스티커를 모아 목표를 달성하기 위해 열심히 노력할 것입니다.

좋은 자극

좋은 자극이란 아이가 공부하고 싶다는 생각이 들게 만드는 자극을 말합니다. 아이들은 어떨 때 이러한 자극을 받을까요? 좋은 자극에 대해 주변에서 이런 질문을 하는 경우가 많았습니다.

"아이 친구가 영재교육원을 다니는 것을 보고,
우리 아이도 다니고 싶어 하는데 어떻게 준비하면 좋을까요?"

저희 아이뿐만 아니라, 많은 아이가 '나도 저 친구처럼 잘하고 싶다.'라고 생각하며 주변 친구가 잘하는 모습에서 자극을 받습니다. 좋은 친구, 잘하는 친구의 자극이 많은 도움이 되기 때문에 부모님께서는 아이들을 좋은 학원의 최상위 반에 들어가게 하기 위해 노력하기도 합니다. 특정 학원의 특정 반에 보내기 위해 과외를 시키는 경우도 있을 정도입니다. 또한, 어떤 부모님은 제가 진행하는 실시간 수업에 참여하는 한 학생을 보면서 이러한 질문도 하시더군요.

"저 학생은 우리 아이와 같은 학년이 맞나요?"

왠지 우리 아이보다 잘하는 것을 보니 학년이 높을 수도 있겠다고 생각하신 것입니다. 자신보다 잘하는 친구의 존재는 아이의 경쟁심을 자극하여 좋은 자극이 될 수 있습니다. 이 이야기를 듣고 라이브 방송에 참여하신 부모님께서 이런 질문을 해 주셨습니다.

"아이를 친한 친구와 같은 학원에 다니게 하면 좋은 자극이 될까요?"

물론 좋은 자극이 될 수 있습니다. 두 아이가 서로 경쟁하면서 발전할 수 있다면요. 하지만, 단지 친한 친구끼리 같이 놀기 위해 같은 학원에 다니는 것은 좋은 자극이라고 할 수 없습니다. 제가 좋은 자극으로 말한 '친구'는 친한 친구라기보다 아이에게 공부를 잘하고 싶다는 욕구가 생기게 하는 친구를 말합니다.

아이에게 좋은 자극을 줄 수 있는 건 친구뿐만이 아닙니다. 아이가 좋아하는 선생님의 이야기가 좋은 자극이 될 수도 있습니다. 간혹 저에게 수업 시간에 아이의 이름을 꼭 불러 이처럼 말씀해 달라고 부탁하시는 부모님도 계십니다. 예전에 이런 적이 있었습니다. 공부도 잘하고 발표도 잘하는 학생이 있었는데, 정말 그 학생이 썼는지 물어보아야 할 정도로 글씨를 못 쓰는 것이었습니다. 그래서 제가 학생의 부모님께 이에 대해 물었더니, 부모님께서 '우리 아이가 쓴 것이 맞습니다. 선생님께서 글씨를 예쁘게 쓰라고 말해 주세요.'라고 부탁하셔서, 수업 시간에 글씨를 천천히 반듯하게 쓰라고 이야기해 준 적이 있습니다. 그렇게 이야기하니 하루아침에 글씨가 개선된 것은 아니지만, 반듯하게 쓰려고 노력하더군요. 그 학생에게는 제 말이 좋은 자극이 되었던 것 같습니다.

이처럼 경쟁할 수 있는 친구나 좋은 선생님을 만날 수 있는 강의를 찾는 것이 아이에게 좋은 자극을 주는 방법이 될 수 있습니다.

칭찬

칭찬은 좋은 점이나 훌륭한 점을 높이 평가하는 말이나 행동을 말합니다. 우리는 보통 아이가 무엇인가를 잘했을 때 칭찬합니다. 아이들에게 칭찬을 어떻게 하고 있으신가요? 아이를 칭찬할 때는 주의해야 할 사항이 있습니다.

재능을 칭찬하지 말고, 노력을 칭찬하라!
결과를 칭찬하지 말고, 과정을 칭찬하라!

칭찬을 잘하면 좋은데, 칭찬을 잘못하면 역효과가 날 수 있습니다. 혹시 아이에게 '아빠 닮아서 머리가 좋구나!' 또는 '엄마 닮아서 머리가 좋구나!'와 같은 칭찬을 하신 적이 있으신가요? 이러한 칭찬은 아이의 '재능'을 칭찬한 것이라고 할 수 있습니다. 즉, 아이의 노력에 대해 칭찬한 것이 아닌 것이지요. 마찬가지로 어떤 문제를 풀어서 칭찬할 때에는 정답을 맞혔다는 결과만이 아니라 그 문제를 풀기 위한 사고 과정을 칭찬해야 합니다. '이렇게 생각해서 문제를 풀었구나!'와 같은 방식으로 말이지요. 그랬을 때 아이는 '이렇게 생각하면 되는구나.'와 같이 깨달음을 얻게 되는 것입니다. 특히, 사고력 문제들은 지문이 길고, 단계적으로 생각해야 하는 경우가 많기 때문에 그 과정을 하나하나 주의 깊게 생각해야 하므로 사고 과정에 대해 칭찬하는 것이 매우 중요합니다.

그래서 저는 '부모의 칭찬은 아이 사고력의 핵심이다.'라고 생각합니다. 가장 많은 영향력을 받을 저학년 때 부모의 칭찬은 아이의 사고력에 많은 영향을 주기 때문입니다. 아이의 사고력은 삶을 살아가면서 생기는 다양한 문제들을 해결해 나갈 힘이 됩니다. 그러므로 꼭 사고력에 도움이 되는 칭찬을 아이에게 해 주시기를 바랍니다.

기출문제로 보는 사고력 문제 접근 방법

창의성 · 사고력 문제 유형 분석

구분	창의성 문제	사고력 문제
유형	일반창의성, 수학창의성, 과학창의성	수학사고력, 과학사고력, 융합사고력

▲ 영재교육원 기출문제 유형

영재교육원 기출문제 유형은 크게 창의성 문제와 사고력 문제로 구분할 수 있습니다. 창의성 문제는 일반창의성, 수학창의성, 과학창의성으로 구분되고, 사고력 문제는 수학사고력, 과학사고력, 융합사고력 등으로 구분됩니다. 대부분 학년군별 핵심 개념과 내용 요소를 바탕으로 해결하는 창의성 · 사고력 문제가 출제되기 때문에 해당 학년(이전 학년 포함)의 수학 · 과학 교과 기본 개념을 정확하게 이해하고 있어야 합니다. 특히, 사고력 문제는 기본 개념을 정확하게 알고 그것을 응용하여 문제를 해결할 수 있는지가 평가 요소로 작용합니다.

구분	창의성 문제	사고력 문제
평가 기준	유창성, 융통성, 독창성	(수학 · 과학) 개념이해력 / 개념응용력 (융합) 문제이해력 / 문제해결력

▲ 안쌤 영재교육연구소의 창의성 · 사고력 문제의 평가 기준

이를 바탕으로 안쌤 영재교육연구소는 창의성 · 사고력 문제 개발 시에 점수를 세분화하여 배정합니다. 보통 창의성 문제는 유창성, 융통성, 독창성 등을 평가 기준으로 삼고, 수학 · 과학사고력 문제는 개념이해력과 개념응용력을, 융합사고력 문제는 문제이해력과 문제해결력 등을 평가 기준으로 삼습니다.

창의성 문제에서 많은 아이디어를 산출하는 것은 유창성과 관련이 있고, 다양한 카테고리에서 아이디어를 산출하는 것은 융통성과 관련이 있습니다. 예를 들어, '짧은 것을 생각나는 대로 써 보세요.'라는 질문에 대해 첫 번째 학생은 개미 다리, 닭다리, 개구리 다리, 강아지 다리라고 답했고, 두 번째 학생은 개미 다리, 새끼손가락, 몽당연필, 군인의 머리라고 답했다면, 두 학생 모두 아이디어를 4가지씩 산출했으므로 유창성은 비슷하다고 할 수 있습니다. 하지만 첫 번째 학생은 아이디어의 카테고리가 하나뿐이고, 두 번째 학생은 서로 다른 카테고리에서 아이디어를 산출했으므로 융통성이 높다고 할 수 있습니다.

독창성은 산출한 아이디어가 얼마나 독특하고 새로운 것인지 등을 볼 수 있는 것으로, 다양한 카테고리에서 많은 아이디어를 산출하더라도 그것이 평이한 대답이라면 점수를 받기 어렵습니다. 사고력 문제들은 보통 개념이해력을 바탕으로 그 개념을 얼마나 응용할 수 있는지 등을 평가하며, 특히 융합사고력은 다양한 내용이 섞여 있는 문제를 이해하고 문제를 해결할 수 있는 능력을 알아볼 수 있는 것으로 평가합니다.

일반창의성 문제

창의성이란 새로운 생각이나 개념을 찾아내거나 기존에 있던 생각이나 개념들을 새롭게 조합해 내는 것과 연관된 사고 과정입니다. 창조성이라고도 하며, 이에 관한 능력을 창의력, 창조력이라고 합니다. 사고력 자극을 받은 학생과 그렇지 않은 학생은 이러한 유형에 대한 답안을 작성할 때 큰 차이점을 보입니다.

다음은 영재교육원 시험에서 창의성을 평가하는 일반창의성 기출문제입니다. 이는 학생들의 창의성을 확인하기에 좋은 문제입니다.

닭과 귤의 공통점을 10가지 쓰시오. [7점]

①
②
③
④
⑤
⑥
⑦
⑧
⑨
⑩

이런 문제를 풀 때 예시 답안 10가지를 보여준 후 그중에서 10가지를 골라서 답안을 쓰는 수업은 사고력 자극이 없는 수업입니다. 문제에 대해 아이들에게 생각할 시간이나 여유, 기회가 없기 때문이지요. 이렇게 공부했던 아이들은 실제 시험에서 문제가 나왔을 때, 자신이 옮겨 적었던 10가지를 기억해 내서 답안을 작성합니다. 10가지를 모두 기억하면 답을 다 적는 거고, 일부만 생각나면 다 적지 못하는 방식입니다. 이렇게 사고력 자극 없이 공부했던 아이들은 다른 문제들도 비슷한 방식으로 풀 수밖에 없습니다.

저는 아이들의 사고력을 자극하기 위해 채점 기준에 대해 먼저 알려줍니다. 주어진 채점 기준을 보면 다음과 같은 질문에 대한 답을 얻을 수 있습니다.

영재교육원 시험에서 어떤 방식으로 채점하는가?

유창성과 융통성 점수를 받을 수 있는 것으로만 10가지를 쓰면 몇 점인가?

• 해설

'내가 좋아하는 것이다.'처럼 객관적이지 않은 것은 답안으로 적절하지 않다.

• 채점 기준 (총체적 채점)

① 유창성, 융통성 [5점]: 적절한 아이디어의 수와 범주
- 닭과 귤의 공통점으로 적절한 것만 아이디어로 평가함
- 같은 아이디어가 반복되는 경우 1개의 아이디어로 평가함
- 적절한 아이디어라고 여겨지는 것의 수를 세어 다음 기준에 따라 점수를 부여함

아이디어의 수(개)	점수(점)
1~3	1
4~5	2
6~7	3
8~9	4
10	5

② 독창성 [2점]: 아이디어가 얼마나 독특하고 창의적인가?
- 유창성, 융통성 점수를 받은 아이디어에 한해서 독창성 채점을 함
- 학생들의 답안을 토대로 흔한 아이디어 목록을 구성하고, 그에 포함되지 않는 아이디어의 수를 세어 다음 기준에 따라 점수를 부여함

아이디어의 수(개)	점수(점)
1	1
2개 이상	2

앞선 문제의 채점 기준을 살펴보면 총점 7점 중 5점을 유창성과 융통성 점수로 받을 수 있고, 나머지 2점은 독창성 점수로 받을 수 있습니다. 이는 10가지를 모두 작성했다고 하더라도 총점 7점을 모두 받을 수 있는 것이 아니라는 뜻입니다. 유창성과 융통성에 해당하는 답안만 작성했을 때는 최대 5점을 받을 수 있습니

다. 더 나아가 답안 중에 독특하고 창의적인 답안이 포함되어 있어야 독창성 점수를 더 받을 수 있는 것입니다.

간혹 영재교육원 시험을 보고 나서 "엄마, 문제가 너무 쉬워서 다 풀었어!"와 같이 이야기하는 학생들이 있습니다. 영재교육원 대비를 딱히 하지 않은 학생들은 대부분 문제가 쉽다고 말하지만 시험이 쉽다고 한 학생 중 대부분은 좋은 결과를 얻지 못하는 경우가 많습니다. 그 학생들에게 닭과 귤의 공통점을 10가지 작성하라고 하면 이렇게 간단한 형태로 답을 작성할 가능성이 높습니다.

- 이름이 한 글자이다.
- 먹을 수 있는 음식이다.

혹은, 이런 답을 작성하는 학생들도 있고요.

- 아빠가 좋아하는 음식이다.
- 엄마도 좋아한다.

해설 및 채점 기준을 통해 볼 수 있듯이, 아빠가 좋아한다거나 엄마가 좋아한다는 내용의 답을 쓰면 객관적이지 않은 내용이라서 답안으로 인정받지 못할 수도 있습니다. 혹시나 인정받더라도 비슷한 아이디어이기 때문에 둘 중 하나밖에 인정되지 않습니다. 결국 이런 식으로 답을 작성하면 안 된다는 것입니다.

닭과 귤의 공통점을 10가지 쓰라는 문제는 일반창의성 문제로, 학생들의 영재성과 창의성을 확인하려는 의도로 출제된 문제입니다. 주어진 개수의 답안을 작성하는 것도 중요하지만, 작성한 답안 중에서 겹치는 내용이나 정답으로 인정받을 수 없는 답안이 있지는 않은지 생각해 보는 것이 중요합니다.

간혹 오프라인 수업에서 학생들에게 문제를 풀어 볼 시간을 주고 풀이를 진행하는데, 이때 문제를 굉장히 빨리 풀고 "선생님, 다 풀었어요."라고 말하는 학생들이 있습니다. 학생들의 답안을 확인해 보면 지나치게 평이한 답들을 써놓은 경우가 많습니다. 이러한 학생들은 대부분 다른 학생들보다 문제를 빨리 푸는 것을 자랑스럽게 생각하는 경향이 있습니다. 다른 학생들보다 빨리 풀었으니까 스스로 똑똑하다고 생각하면서 자랑하는 것이지요.

저는 학생들의 사고력 자극을 위해 "다른 학생들도 많이 쓰는 답안이나 단순한 답안은 좋은 점수를 받지 못하니 조금 더 독창적이고 창의적인 답안을 생각해서 수정하는 것이 좋겠다."라고 이야기해 줍니다. 그러면 학생들은 영재교육원에 합격하기 위해 그때부터 독창적인 답안을 쓰고자 더 깊이 사고합니다. 이처럼 수업 시간에 동기를 부여하여 학생들의 사고력을 자극할 수 있습니다.

영재교육원은 수학, 과학, 정보, 발명 등 여러 가지 분야로 학생들을 선발하는데, 이러한 일반창의성 문제들은 분야에 상관없이 공통으로 출제됩니다. 이 점을 활용하여 저는 아이들에게 지원한 분야와 연관 지어 답을 작성해 보라는 사고력 자극을 줍니다. 예를 들어, 수학 분야에 지원한 학생에게는 "지원 분야가 수학이니까, 수학적으로 답안을 써 보면 어떨까?"라고 이야기해 주는 것입니다.

이렇게 생각해야 하는 방향을 잡아주면 학생들의 생각은 그 방향을 향해 열리게 됩니다. 방향을 정해 주었는데도 쉽게 떠올리지 못한다면, 예시를 몇 가지 제시해 주는 것도 좋은 방법이 됩니다.

예를 들어, 닭과 귤의 공통점을 수학적으로 접근하면 어떤 것이 있을까요? 쉽게 떠오르는 것이 있을까요? 이 문제를 수학 분야와 관련지어서 떠올린 예시 답안은 다음과 같습니다.

• 생긴 모습이 좌우대칭이다.

닭과 귤은 가운데를 중심으로 좌우가 비슷하게 생겼기 때문에 생긴 모습이 좌우 대칭이라고 설명할 수 있습니다. 수학뿐만 아니라 과학, 발명, 정보 등 학생이 지원한 분야와 연관 지어 답안을 생각해 보면 '이름이 한 글자이다.', '먹을 수 있는 음식이다.' 등과 같이 평범한 답안보다는 다른 학생들이 쓰지 않았을 만한 독창적인 답안을 작성할 수 있을 것입니다.

또한, 답안을 작성하는 순서에도 요령이 있습니다. 저는 학생들에게 답안을 작성할 때 독창적이라고 생각되는 것을 맨 위에 적으라고 합니다. 채점자의 입장에서 보았을 때, 채점자는 보통 맨 위쪽에 있는 답안부터 확인하게 됩니다. 맨 아래쪽에 있는 답안부터 확인하는 경우는 드물겠지요. 또한, 답안을 채점하다 보면 위쪽에 있는 것을 훑어보고 전체적인 답안의 수준을 대략 판단하는 경우도 많습니다. '이건 뻔한데?', '이건 조금 더 자세히 살펴보아야겠는데?'와 같은 생각이 들수밖에 없기 때문입니다.

그래서 10가지 답안을 작성해야 한다면 생각할 수 있는 만큼의 답안을 우선 생각해 본 후, 여러 답안 중 평이한 것은 6번 정도에 적고, 비슷한 수준은 5번이나 7번, 조금 괜찮은 것 같으면 3번에 적는 전략으로 배치하는 것이지요. 그리고 가장 괜찮은 답안을 1번에 적으라고 합니다.

닭과 귤의 공통점을 찾는 하나의 문제만으로도 1시간이 넘는 시간 동안 학생들의 사고력을 자극할 수 있습니다. 채점 기준이나 답안을 작성하는 요령 등 다양하게 사고력 자극을 받은 학생들은 문제를 다른 관점에서 바라보게 되고, 그만큼 다양한 방향으로 생각해서 답안을 작성할 수 있게 됩니다. 한 문제라도 제대로된 사고력 자극을 받은 학생이라면 다른 문제가 주어졌을 때도 효율적으로 자기 생각을 끌어내서 좋은 답안을 작성할 수 있을 것입니다.

수학사고력 문제

수학사고력 유형을 살펴보겠습니다. 다음 문제는 게임 전략과 관련된 경기도 교육청 기출문제입니다. 이 문제는 주어진 게임을 할 때 처음 시작하는 사람이 항상 이기기 위한 전략을 세우는 유형으로, 최근에는 이처럼 게임을 정확하게 분석해서 필승 전략을 세우는 문제들이 출제되는 경향을 보입니다.

다음과 같은 게임을 할 때 처음 시작하는 사람이 이기기 위한 전략을 설명하시오.

> 게임 방법
> ① 그림 (가)와 같이 여덟 개의 사각형 안에 3개의 동전을 놓는다.
> ② 두 명이 순서대로 한 번씩, 사각형 안의 아무 동전이나 왼쪽으로 한 칸을 옮긴다.
> ③ 동전은 같은 칸에 2개 이상 있을 수 있으며, 같은 칸에 있는 동전은 모두 한꺼번에 옮긴다.
> ④ 그림 (가)의 상태에서 처음 시작하여 그림 (나)의 상태가 되면 게임이 끝난다.
> ⑤ 마지막에 동전을 옮긴 사람이 승리한다.

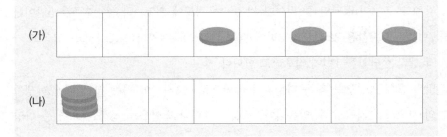

규칙을 보면 동전을 왼쪽으로 한 칸씩 옮길 수 있고, 2개 이상의 동전이 같은 칸에 있으면 같이 옮길 수 있습니다. 처음 시작하는 사람이 이기기 위해서는 동전이 (가)에서 (나)로 될 때까지 이동한 칸의 수를 모두 합한 값이 홀수가 되어야 합니다. 3개의 동전이 이동해야 하는 칸은 각각 3, 5, 7칸이므로 합은 15칸으로 홀수입니다. 따라서 3개의 동전이 서로 같은 칸에 들어가서 이동하지 않도록 동전을 옮기면 처음 시작하는 사람이 항상 이길 수 있습니다. 동전이 겹칠 때 이기는 경우도 있지만, 경우의 수가 너무 다양하여 동전이 겹치지 않게 옮기는 것이 항상 이길 수 있는 쉬운 전략이라고 할 수 있습니다.

위와 비슷한 유형으로 두 사람이 1부터 31까지의 수를 말하다가 '31'을 외치는 사람이 지는 게임과 관련된 문제도 출제된 적이 있습니다. 이 게임을 '31 게임'이라고 부르겠습니다. '31 게임'에서는 두 사람이 서로 번갈아 가며 수를 말해야 하고, 수를 말할 때 1개나 2개, 3개의 연속 수를 말할 수 있습니다. 이 게임에 이기기 위해서는 '30'이라는 수를 먼저 말해야 합니다. 그러면 상대방이 '31'을 외치게 되기 때문에 게임에서 질 수밖에 없습니다. 그리고 3개의 연속 수까지 말할 수 있으므로 항상 4개의 수를 묶을 수 있습니다. 예를 들어, 처음 사람이 '1'을 말했다면, 다음 사람은 '2, 3, 4'를 말하고, 처음 사람이 '1, 2'를 말하면 나중 사람은 '3, 4'를 말해서 4개의 수를 묶는 것입니다. 이렇게 30부터 거꾸로 4개씩 묶으면 다음과 같이 '1, 2'가 남습니다. 이를 통해 '31 게임'의 필승 전략은 '1, 2'를 먼저 외치는 것임을 알 수 있습니다.

'31 게임'의 전략을 설명한 이유는 이 게임을 응용한 다른 게임이 많기 때문입니다. 말했을 때 지는 수를 바꾸어 볼 수도 있고, 한 번에 말할 수 있는 수의 개수를 바꾸어 볼 수도 있습니다. 또한, 앞에서 다룬 동전 옮기기 게임처럼 물체를 옮겨 놓는 방식도 있고, 손으로 누르면 들어가는 교구를 사용하여 교구를 직접 누르면서 게임을 진행하는 방식도 있습니다. 게임 방법이나 사용하는 도구가 달라 다른 게임이라고 생각할 수도 있지만, 게임에서 이길 수 있는 전략을 세우는 방법을 보면 유사한 계열의 게임입니다. 즉, '31 게임'의 전략을 세우는 방법을 제대로 이해하고 있다면, 유사한 게임에서도 각 상황에 맞는 적절한 전략을 세울 수 있습니다.

게임 전략을 세우는 문제에서도 이기는 방법에 대해 생각하는 학생과 그렇지 않은 학생의 답변에서 많은 차이가 납니다. 이러한 부분도 학생들이 생각을 할 수 있도록 사고력 자극을 주는 것이 중요합니다.

과학사고력 문제

다음은 과학사고력 유형으로, 우리 주변에서 일어나는 현상을 과학적으로 사고하여 답을 논리적으로 적을 수 있는지 확인하기 위한 문제입니다. 대표 기출문제를 살펴보겠습니다.

다음 자료를 보고 물음에 답하시오.

> 부모님과 함께 저녁 식사 준비를 돕고 있던 철수는 국을 국그릇에 담아 자리에 하나씩 놓던 중 아무도 만지지 않은 국그릇이 저절로 식탁 위에서 움직이는 것을 보았다.

(1) 위 현상을 기체의 부피 변화와 관련지어 설명하시오.
(2) 생활에서 기체의 부피가 변하여 발생하는 현상의 예를 3가지 서술하시오.

소문항 (1)은 주어진 현상을 과학적으로 분석해서 답안을 작성해야 하는 과학사고력 문제입니다. 문제에서 주어진 상황인 '국그릇이 움직이는 이유'는 다음과 같습니다.

국그릇이 움직이는 이유

그릇 밑에 빈 공간이 있는 그릇에 뜨거운 국을 넣으면 빈 공간의 공기가 밀폐된 상태로 온도가 올라갑니다. 이때 증가한 기체의 압력이 그릇 한 쪽을 들어 올리고, 그곳을 통해 공기가 빠져나가면 반작용으로 그릇이 움직입니다.

문제는 '기체의 부피 변화'와 관련지어 설명하는 것을 요구했으므로 '온도가 높아지면 기체의 부피가 증가한다.'라는 내용을 핵심으로 해서 답안을 작성해야 합니다. 예를 들어, '그릇을 통해 공기가 빠져나와 그릇이 움직인다.'라고만 답안을 작성하면 문제에서 요구하는 핵심이 빠져있기 때문에 좋은 점수를 얻을 수 없습니다.

소문항 (2)는 생활에서 기체의 부피가 변하여 발생하는 현상의 예를 3가지 서술하는 내용입니다. 요즘에는 과학 문제에 생활 속의 현상에 관해 서술하라는 융합사고력 문제가 많이 출제됩니다. 보통 문제에서 가짓수를 정해 주는데, 아이들이 쉽게 1~2가지 답안을 작성할 수 있는 내용이라면 문제에서는 조금 더 고민하여 3가지 또는 5가지 답안을 작성하라고 제시합니다. 즉, 아이들의 사고력을 끌어내기 위해 답안을 여러 가지 작성하도록 유도하는 것이라고 볼 수 있습니다.

일반적인 학생들이 답안을 3가지 정도 쉽게 작성할 수 있는 문제라면, 영재성이 있는 학생들은 5가지 정도의 답안을 무난하게 작성하는 경우가 많습니다. 그 외에 추가로 작성해야 하는 답안은 더 깊게 고민해서 생각해 내야 합니다. 즉, 창의성을 발현해야지만 답안을 모두 작성할 수 있게끔 문제에서 가짓수를 정해 주는 것이라고 볼 수 있습니다. 그렇기 때문에 아이들이 사고력 문제의 답안을 작성할 때 오랜 시간이 걸릴 수밖에 없습니다. 반대로 답안을 빨리 작성하여 시간이 많이 남은 아이들은 대체로 평이한 답안을 적었다고 볼 수 있습니다.

생활 속에서 과학 원리나 현상과 관련된 예를 찾는 과학사고력 문제나 융합사고력 문제를 풀 때는 교과서나 책에서 알게 된 지식적 부분을 토대로 답안을 작성하는 것도 중요하지만, 추가로 학생이 직접 느꼈던 것이나 경험을 활용하여 알맞은 답안을 작성한다면 독창성 점수를 추가로 받을 수 있을 것입니다.

한국과학창의력대회 과제

한국과학창의력대회는 과학에 관심과 흥미를 느끼고 과학 관련 활동에 열중하는 학생들이 참가하는 대회로, 초등학교 4~6학년, 중·고등학교 1~3학년이 참가할 수 있습니다. 이 대회는 4차 산업 혁명을 능동적으로 이끌어 갈 창의성과 리더십을 가진 창의융합형 인재 육성을 목적으로 하며, 참여 학생들의 과학적 사고 능력 및 창의적으로 문제를 해결하는 창의·융합과학적 사고력을 신장시키고자 합니다. 대표 과제를 살펴보도록 하겠습니다.

과제

단추 구멍 두 곳에 실을 꿰어 양손으로 적당한 너비로 잡고 몇 바퀴 돌린 후, 실을 잡아당겼다가 놓았다를 반복하면 단추가 윙윙 소리를 내면서 빠르게 돈다. 단추가 빠르게 돌 때 나는 소리 때문에 붕붕이 또는 씽씽이라고 불리는 실팽이는 우리의 전통 놀이 중 하나다. 우리나라뿐만 아니라 캐나다, 미국 등 다른 나라에도 이와 비슷한 놀잇감이 있다. 아메리카 인디언들은 실팽이가 돌아가는 소리가 바람 소리와 닮았다고 생각하여 가뭄이 드는 시간에 실팽이를 돌려 바람이 비구름을 몰고 오길 기원했다고 한다.

종이와 실을 이용하여 윙윙 소리가 나며 빠르게 도는 실팽이를 만들고, 다음 탐구를 창의적으로 수행하시오.

탐구

1. 실팽이를 가지고 놀면서 실팽이가 돌아갈 때 관찰할 수 있는 특징을 찾아 정리하시오.
2. 실팽이를 돌릴 때 나는 소리의 높낮이에 영향을 끼치는 변인을 최대한 찾고, 그 변인이 소리의 높낮이에 미치는 영향을 검증할 수 있는 실험을 설계하고 수행하시오.
3. 탐구 2에서 얻은 결과를 바탕으로 가장 높은 소리가 나는 실팽이를 만드시오. 그리고 가장 높은 소리가 나는 실팽이를 만드는 방법과 그 방법이 가장 높은 소리를 내는 까닭을 설명하시오.
4. 실생활에서 실팽이가 빠르게 돌아가는 현상을 창의적으로 활용할 수 있는 예를 제시하시오. 그 방법을 직접 수행할 수 있다면 수행한 결과를 첨부하시오.

위 내용은 초등 4~6학년 공통 과제로 출제된 내용입니다. 탐구할 내용인 실팽이에 대한 간단한 자료가 있고, 이와 관련된 구체적인 탐구 과제 4가지가 함께 제시됩니다. 관련 내용으로 탐구를 진행하고 탐구보고서를 작성하는 것입니다.

탐구 1은 실팽이를 가지고 놀면서 실팽이가 돌아갈 때 관찰할 수 있는 특징을 찾아 정리하는 과정입니다. 이때 회전 속도에 따른 소리의 높낮이나, 실팽이에 힘을 가하면 빠르게 회전하고, 힘을 주지 않아도 계속 회전하는 회전관성 등을 관찰할 수 있습니다. 이 과정에서 참가 학생의 예리한 탐구 능력을 확인합니다.

탐구 2는 실팽이를 돌릴 때 나는 소리의 높낮이에 영향을 끼치는 변인을 최대한 찾고, 그 변인이 소리의 높낮이에 미치는 영향을 검증할 수 있는 실험을 설계하고 수행하는 과정입니다. 회전 속도가 빠를수록, 실팽이가 회전할 때 공기와의 마찰이 커져서 높은 소리가 날 수 있습니다. 이를 검증하기 위해 실험 설계 과정에서 회전 속도가 빠른 부분인 골판지 가운데의 구멍 간격을 다르게 하거나, 골판지의 무게 등을 다르게 설정해 볼 수도 있습니다. 또한, 실험 수행 과정도 고려해야 합니다. 예를 들어, 공기와의 마찰을 확인하기 위해서는 가장자리를 톱니 모양으로 만들거나 두꺼운 골판지로 만들어서 마찰을 크게 할 수 있습니다.

탐구 3은 탐구 2에서 얻은 결과를 바탕으로 가장 높은 소리가 나는 실팽이를 만들고, 그러한 소리가 나는 까닭을 설명하는 과정입니다. 이 단계에서는 실팽이의 무게와 회전 속도, 공기 마찰을 일으키는 방향을 고려하여 창의적으로 설계해야 합니다. 이때, 소리의 높이를 수치로 표현할 수 있으면 더 좋습니다.

탐구 4는 실생활에서 실팽이가 빠르게 돌아가는 현상을 창의적으로 활용할 수 있는 아이디어를 제시하는 과정입니다. 실팽이에 발전기를 연결하여 간이 발전기를 만들 수도 있으며, 실팽이를 선풍기 날개처럼 만들어서 전기 없는 선풍기를 만들어 볼 수도 있습니다.

예전에는 과제가 주어지면 학생들이 직접 구체적인 탐구 주제를 정해서 탐구하고 보고서를 제출하는 방식이었는데, 그러다 보니 학생들이 사고하는 과정이 부족하거나, 엉뚱한 방향으로 탐구를 진행하는 경우가 많아 요즘에는 탐구 과제 몇 가지를 구체적으로 제시하는 형태로 출제 경향이 바뀌었습니다.

평소에 사고력 자극을 받고 생각하는 연습을 했던 학생이라면, 구체적으로 주어진 과제와 관련된 탐구를 쉽게 진행할 수 있을 것입니다. 하지만 사고력 자극을 받지 않거나 연습이 부족한 학생이라면 너무 어렵고 벅찬 과제라고 생각해 쉽게 포기하는 경우가 많습니다. 탐구 과제를 보고 '재미있겠다.', '어떻게 실험하면 좋을까?' 등과 같이 생각하는 학생이라면 사고력 자극을 많이 받은 학생이라고 할 수 있습니다. 사고력 연습이 되어 있는 학생들은 주어진 과제의 문제를 파악하고 해결하려는 사고를 바로 시작합니다.

서울시 교육청 영재교육원 면접 예시 문항

아래 문제는 서울시 교육청에서 면접 대비를 위해 제시한 예시 문항입니다.

여러분이 철수라면 다음 상황을 어떻게 해결할 수 있을까요?

> 철수네 집에서 경복궁까지 지하철로 서른 정거장이나 가야 한다. 철수네 집에서 가장 가까운 지하철역은 환승역이어서 사람들이 붐비므로 자리에 앉아 갈 수 없다. 철수와 친구는 앉아 가기 위해 경복궁역 반대 방향으로 두 정거장을 갔다가, 다시 경복궁역 방향으로 가는 지하철을 탔다. 그 결과 철수와 친구는 자리에 앉아 갈 수 있었다. 그런데 얼마 지나지 않아 갓난아이를 안은 아주머니가 철수와 친구의 가운데 섰다.

이 문제를 본 학생들은 면접에서 뭐라고 답변했을까요? 제가 수업을 진행했을 때 제일 먼저 답한 학생은 이렇게 대답했습니다.

> "저는 착한 아이니까 제가 갓난아이를 안은 아주머니께
> 자리를 양보하여 서서 가겠습니다."

또, 어떤 학생은 이렇게 답했습니다.

> "친구는 앉아서 가고 제가 자리를 양보하여 서서 가겠습니다."

과연 이 학생들은 면접에 합격했을까요? 대부분 불합격하는 경우가 많습니다. 그 이유는 질문에 있습니다. 이 질문을 다시 한번 잘 살펴보세요.

면접 질문은 상황을 해결할 방법을 찾는 질문입니다. 자리를 양보하겠다고 말한 학생의 대답처럼 자리를 양보하는 결정이 과연 주어진 문제를 해결했다고 볼 수 있는지에 대해 생각해 보아야 합니다. 저는 이렇게 대답하는 학생들에게 철수와 친구가 서른 정거장을 자리에 앉아서 가기 위해 반대 방향으로 두 정거장이나 돌아가는 시간과 노력을 들였다는 상황을 상기시켜 줍니다. 그리고 철수와 친구, 갓난아기를 안고 있는 아주머니 모두 편하게 갈 수 있는 방법을 찾는 것이 문제를 해결하는 포인트라는 것을 알려줍니다. 다음으로는 이렇게 답변하는 학생들이 많습니다.

"친구와 번갈아 가며 앉아서 가겠습니다."

이 답변은 단순히 자리를 양보한다는 대답보다는 주어진 상황을 조금 더 잘 이해한 것이라고 할 수 있습니다. 하지만 이러한 대답은 많은 학생이 제시하는 답안이기 때문에 창의적이라고는 할 수 없습니다. 이 답변을 한 학생들에게는 같은 답변을 한 친구들이 많다는 것을 알려 주면서, 또 다른 방법을 생각하게 됩니다. 이러한 방식으로 학생들의 대답을 들어보고, 각 학생에게 맞게 적절한 조언을 해 주는 것은 아이의 사고력을 자극하게 되므로 충분히 연습하는 것이 좋습니다.

요즘에는 학생들의 인성만 확인하는 문제보다는 창의 인성을 요구하는 내용의 문제가 출제됩니다. 면접관 앞에서는 누구나 인성이 좋은, 도덕적인 사람이 될 수밖에 없기 때문에, 단순히 인성만을 확인하기보다는 주어진 상황에서 어떻게 창의적으로 문제를 해결하는지 확인할 수 있는 문제가 출제됩니다. 창의성을 확인하는 문제이기 때문에 정답이 정해졌다고 할 수 없습니다. 그러므로 자기 생각을 말할 때는 주어진 상황을 명확하게 파악한 후에 그에 적절한 근거가 있는 방법을 찾아 설명하는 것이 좋습니다.

안쌤의 특별한 멘토링

▶ 영재들의 학습법 **라이브 방송** Q&A

주요 채팅 다시보기 ●

👤 초등학교 1학년 아이가 수학은 재미없다고 합니다. 수학이랑 친해지는 방법이 궁금합니다.

↳ '수포자(수학을 포기한 자)'라는 말을 들어보셨을 것입니다. 아이들이 수학을 부정적으로 생각하게 되면 수학을 포기하는 경우가 생깁니다. 그러나 이는 중·고등학생들이 많이 겪는 현상이므로 초등학교 저학년 아이가 수학을 재미없어한다고 벌써 너무 크게 걱정할 필요는 없습니다. 다만, 수학이라는 과목은 각 단원이 긴밀하게 연결되어 있어 저학년 때 배운 내용에 대한 이해가 부족하면 고학년이 되었을 때 더욱 어려워할 수 있고, 어렵다는 생각이 굳어지다 보면 점점 자신감이 떨어질 것입니다. 그러니 연산 문제를 반복해서 푸는 것보다 아이가 재미있게 수학에 접근할 수 있도록 보드게임, 수학 퍼즐 등을 활용하는 것도 좋은 방법이 될 것 같습니다.

👤 아이가 초등학교 1학년입니다. 수학 문제를 풀 때 기본은 어려워하지 않는데 응용 심화 문제를 잘 풀지 못합니다. 문제집을 많이 풀리는 방법 말고 근본적인 해결 방법이 무엇인지 궁금합니다.

↳ 수학 개념을 정확하게 잡지 않으면 응용 심화 문제를 잘 풀지 못합니다. 개념 문제를 잘 풀더라도 응용 심화 문제해결이 잘되지 않는다면 개념을 명확하게 이해하지 못한 경우가 많습니다. 특히, 개념 문제들은 개념을 설명하는 내용과 유사한 패턴으로 이루어져 있기 때문에 설명을 단순하게 옮겨 적거나 외워서 풀이한 것일 수도 있습니다. 따라서 아이가 해당 수학 개념을 정확하게 파악하고 있는지 확인하는 과정이 꼭 필요합니다. 문제를 풀고 정답이 맞는지 확인하는 과정 외에 해당 문제를 어떻게 풀었는지 이야기하게 해 보면 어떨까요? 그 과정에서 아이가 어떤 부분을 어려워하고 있는지 파악할 수 있을 것입니다.

아이가 사고력 문제는 제대로 읽지도 않고 풀기 싫어해요. 어떡하면 좋을까요?

↳ 연산 문제나 일반 교과 문제, 객관식 문제에 익숙한 아이들에게 사고력 문제는 지문도 어렵고 바로 답이 나오지 않아서 잘 풀지 않으려고 하는 경향이 있습니다. 이런 아이들에게 사고력 문제만 풀라고 하면 학습에 대한 부담감만 느끼게 될 수 있습니다. 아이의 학년에 구애받지 않고, 아이의 수준에 적당한 사고력 문제부터 시작해서 아이가 자신감을 느끼도록 하는 과정이 우선되어야 합니다. 그후 점점 난도를 높이는 것이 좋을 것 같습니다. 특히, 수학의 경우에는 퍼즐이나 교구를 활용하는 것도 많은 도움이 될 것입니다.

아이가 평소에는 호기심도 많고, 이것저것 탐구하는 것은 좋아하는데, 막상 공부하려고 하면 도통 집중하지 못하고 힘들어 합니다. 어떻게 하면 좋을까요?

↳ 호기심도 많고 탐구를 좋아한다는 것은 아이가 흥미 있어 하는 분야에는 과제 집착력이 있다고 볼 수 있을 것 같습니다. 이러한 경우에는 아이의 특장점인 과제 집착력을 활용하여 탐구 활동이 학습으로 연결되게 하는 것이 좋을 것 같습니다. 예를 들어, 공룡을 좋아한다면 단순히 좋아하는 것에 멈추지 않고, 자신만의 공룡 노트를 만들게 하는 것입니다. 자신이 만든 노트에 조사한 내용을 적고, 자신만의 기준을 만들어서 공룡을 분류해 보는 등 다양한 활동을 할 수 있습니다. 이러한 과정은 탐구보고서를 작성하는 기초가 될 수 있고, 호기심이 학습으로 자연스럽게 이어지는 경험이 될 수 있습니다.

칭찬 챌린지

 방법 칭찬받을 만한 행동을 하고 스티커를 모아 보세요. 15장과 30장 모두 모았을 때 보상을 미리 정해 보아도 좋습니다. 스티커가 없다면 도장을 찍거나 사인을 해 주세요.

챌린지를 적어주세요.

안쌤이 챌린지를 응원합니다.

챌린지를 적어주세요.

사고력 학습 준비하기

문항	예	아니요
1. 사고력 발달 수준		
아이가 문제를 풀 때 자기 생각과 함께 답을 말하나요?	☐	☐
아이가 수학 문제를 풀 때 문제의 조건이 바뀌어도 쉽게 잘 푸나요?	☐	☐
아이가 과학 실험을 하다가 잘되지 않아도 끝까지 과제를 해결하기 위해 노력하나요?	☐	☐
아이가 보드게임을 할 때 승리하기 위한 전략을 세우면서 게임을 진행하나요?	☐	☐
2. 사고력 자극 학습 조건		
아이가 학습하는 데 동기 부여가 될 만한 무언가가 있나요?	☐	☐
아이 주변에 좋은 자극을 주는 친구나 선생님이 있나요?	☐	☐
아이가 칭찬에 잘 반응하나요?	☐	☐

MEMO

4교시

·

이공 계열
학습 전략 및 계획

초등 수학 · 과학 학습법

1 수학 학습법

수학은 단순한 수 세기, 복잡한 계산뿐만 아니라 측정, 도형, 규칙, 자료와 가능성 등 우리 생활 곳곳에 활용되고 있습니다. 다양한 영역에서 문제를 해결하는 핵심 도구로서 기능하는 수학은 학습의 기본이 된다고 할 수 있습니다. 초등학생에게 수학이 중요한 이유는 초등학교 시절에 배우는 수학 개념을 정확하게 이해하지 못하면 중·고등학교 수학을 풀어낼 수 없기 때문입니다. 그렇기 때문에 초등학교 시절 수학 학습은 학생의 진로에 중요한 역할을 한다고 할 수 있습니다.

그렇다면 초등학생 때에는 수학을 어떻게 공부하면 좋을까요? 저는 중학교에 진학하기 전에 초등학교 전 과정을 차근차근 배우고, 중학교 과정까지 선행 학습을 하는 것이 가장 좋다고 말하고 싶습니다. 중학교 수학을 배우는 학생들 대부분이 초등학교 때와 확연하게 달라진 내용 때문에 학습에 어려움을 호소하기 때문입니다. 만약 수학 공부를 늦게 시작해서 중학교 3년 과정을 모두 훑어보지 못하게 될 것 같다면, 최소 중학교 2학년 1학기까지라도 살펴보는 것이 좋습니다. 중학교 과정을 미리 살펴본 학생들은 내용이 달라지더라도 선행 학습의 힘으로 비교적 쉽게 적응해 내기 때문에 내신 관리에 도움이 되고, 사춘기에 생길 수 있는 학습 공백에도 대비할 수 있습니다. 모든 학생이 사춘기 때 학습 공백이 생기는 것은 아니지만, 사춘기를 겪는 아이들은 예측하기 어렵기 때문에 일종의 보험이라고 생각하는 것이 좋을 것입니다. 다만, 선행 학습을 할 때 주의할 점은 단순히 중학교 과정까지 진도만 나가는 것이 아니라 초등학교 전 과정의 수학 개념을 제대로 다진 이후가 되어야 한다는 점입니다.

초등학생 때는 초등학교 전 과정에 대한 수학 개념을 정리하는 것뿐만 아니라 사고력 수학 또한 필수로 공부해야 합니다. 사고력 수학은 기본적으로 알고 있는 수학 개념을 바탕으로 문제를 해결하고, 특정 상황에 대한 해결 방안을 찾는 형태입니다. 따라서 수학 기본 개념을 탄탄하게 다지면서 수학에 대한 배경지식을 습득하고, 사고력 수학 학습으로 수학적 사고력을 기르는 연습이 필요합니다. 1학년부터 4학년까지는 수학적 창의성 계발을 위해 사고력 수학을 필수로 공부하는 것이 좋습니다. 이 시기에는 복잡하고 어려운 사고력 수학 문제보다는 재미있는 퍼즐 형태의 문제부터 시작해서 사고력 수학에 흥미를 가질 수 있는 방향으로 접근해야 합니다.

5학년이 지나면 학생의 목표에 따라 사고력 수학 학습이 조금 달라집니다. 영재학교, 과학고, 전국 단위 자사고를 목표로 하는 학생들에게는 사고력 수학과 함께 경시대회나 한국수학올림피아드(KMO) 등 경시 수학 준비가 필수 사항이며, 내신 상위권을 목표로 하는 학생들에게는 선택 사항이라고 할 수 있습니다.

수학을 공부할 때 도움이 되는 방법은 풀이 과정을 쓰는 연습을 하는 것입니다. 간단한 문제라면 생략해도 되겠지만, 그렇지 않은 문제들의 경우 이는 필수적입니다. 답이 틀렸을 때 어느 과정에서 실수했는지 확인하기에 좋고, 실제 시험에서 틀린 부분이 있는지 검수할 때도 빠르고 정확하게 할 수 있어 수학 성적 향상에 많은 도움이 되기 때문입니다. 다른 사람이 보았을 때 어떻게 해결했는지 확인할 수 있을 정도로 풀이 과정을 자세히 쓰는 연습을 한다면, 고학년으로 올라갈수록 난도가 높아지더라도 문제를 잘 해결할 수 있을 것입니다.

2 과학 학습법

과학은 어떻게 공부하는 게 좋을까요? 우선 반드시 해야 하는 것은 교과 공부입니다. 과학은 물리학, 화학, 지구 과학, 생명 과학으로 영역마다 광범위한 지식을 포함하고 있습니다. 그렇기 때문에 과학은 관련 지식을 보편화하기 위해 지정한 개념과 용어들이 다양합니다. 이러한 과목의 특성 때문에 부모님께서는 아이들이 배경지식을 쌓을 수 있도록 과학 도서들을 탐독하게 하는 경우가 많습니다. 그러나 너무 방대한 양의 책을 읽다 보면 아이들은 오히려 개념이나 용어들을 헷갈려 하기도 합니다.

과학 도서들은 관련 개념을 설명할 때 초등학교 교과서에서 다루지 않는 용어나 개념을 활용하여 자세하게 설명하는 경우도 많습니다. 그래서 전적으로 그것에만 의지하기는 어려우니 정확한 과학 개념과 용어는 교과서를 통해 익히는 것이 좋습니다. 초등학교에서 다루는 과학 개념이나 용어는 중학교나 고등학교 과학의 기본이 되기 때문에 과학을 처음 시작하는 3학년 때부터는 교과 개념을 정확하게 정리하는 학습이 효과적입니다.

과학에서 교과 공부만큼 중요한 것은 실험입니다. 각종 대회나 영재교육원에서도 실험한 후 보고서를 작성하는 활동을 진행합니다. 저는 아이들이 과학을 재미있게 접할 수 있는 가장 쉬운 방법이 실험이라고 생각합니다. 실험이라는 구체적인 조작 활동이 공부보다 놀이로 느껴지는 경우가 많고, 실험을 진행하고 성공하는 과정에서 성취감을 느낄 수 있기 때문입니다. 그렇기에 빠르면 6, 7세부터라도 간단하지만 재미있고 신기한 과학 실험을 꾸준히 접하면서 점점 복잡하고 어려운 실험을 수행할 수 있는 능력을 키우는 것이 중요합니다.

과학을 배우기 전인 초등학교 1, 2학년 때는 실험으로 과학을 접하며 흥미를 유발한 후, 3학년 때부터 본격적으로 과학을 공부하는 것이 좋습니다. 저학년 때는 진로가 명확하게 정해지지 않아서 다양한 경험을 해 보는 것이 중요한데, 실험은 진로를 결정하는 데에 소중한 밑거름이 됩니다. 간단한 실험을 꾸준히 진행하는 동안 손 조작 능력이 향상되고, 자라면서 원하는 것을 만들어 갈 수 있습니다.

마지막으로 창의사고력 과학도 중요합니다. 아이들이 과학 교과서만 공부하면 어렵게 느끼거나 흥미를 잃을 수도 있습니다. 이때 창의사고력 과학을 통해 실생활과 관련된 과학 개념을 접하면 재미있게 과학 공부를 할 수 있습니다. 창의사고력 과학 학습은 체험 학습이나 과학 도서를 활용하는 방법 등 그 형태가 다양합니다. 특히, 생활 속 과학 이야기를 읽고, 이야기와 관련된 창의사고력 문제를 풀어보는 것은 창의사고력 향상에 큰 도움이 됩니다. 이러한 학습은 풍부한 배경지식을 만들 수 있으므로 저학년 때부터 조금씩 해 두는 것이 좋습니다. 특히, 과학과 관련된 진로를 목표로 하는 것이 아니더라도 생활 속의 과학을 많이 알고 있으면 생활 속 불편한 점을 해결할 수 있어 편리한 점이 많습니다. 흥미로운 과학 기사나 주변에서 흔히 일어나는 다양한 현상으로 창의사고력을 기를 수 있는 문제를 푸는 것을 추천합니다.

과학을 공부할 때 도움이 되는 방법은 단원의 전체 내용을 쭉 읽어본 뒤, 개념 확인 문제를 풀면서 중요 개념을 확인하여 전체적인 흐름을 잡는 것입니다. 내용 간의 연계를 생각하며 정리하고 깊이 있게 이해하려고 하는 습관이 중요합니다. 또한, 복습도 중요합니다. 과학에서의 복습은 단원의 내용을 다시 한번 정리하는 것이 아닌, 실생활과 연계된 내용을 찾아보거나 교과 문제 외에 다양한 유형의 문제를 풀어보는 것입니다. 이렇게 응용해서 접근하면 기본 개념과 원리를 제대로 이해할 수 있을 것입니다. 기본 교재(내신 교재)의 문제를 풀고, 심화 교재(창의사고력 교재)의 문제를 풀면서 문제해결력과 창의성을 키우는 연습을 한다면 과학에서 좋은 점수를 받을 수 있을 것입니다.

3 안쌤이 생각하는 자기 주도형 학습법

변화하는 교육 정책에 흔들리지 않는 것이 자기 주도형 학습법이 아닐까요? 입시 제도가 변해도 제대로 된 학습을 한다면 자신의 꿈을 이루는 데 걸림돌이 되지 않습니다.

'독서 → 동기 부여 → 공부 스타일 확립'으로 공부를 위한 기본적 환경을 만들어야 한다.

많은 학생이 수학이나 과학 공부를 할 때 어려운 개념이나 문제가 나오면 '이걸 꼭 알아야 하나요?', '살면서 한 번도 안 쓸 거 같은데 몰라도 되지 않을까요?' 등과 같은 반응을 보입니다. 수학과 과학이 불필요하다고 생각하는 학생들이 많은 것입니다. 그러나 수학과 과학 공부의 목적은 삶에 불필요한 내용들을 억지로 배우게끔 하는 것이 아닙니다. 생활 속에서 자주 접하는 문제를 이해하고, 합리적으로 문제를 해결하는 능력을 기르는 것입니다. 학생이 자기 주도적으로 학습하려면 다음과 같은 방법으로 학습하는 것이 좋습니다.

독해력 기르기

독해란 글을 읽으면서 그 내용을 이해하는 과정을 뜻합니다. 단순히 글을 읽고 내용을 알아듣는 것에 그치지 않고, 글에 내포된 정보와 의미를 파악하는 것입니다. 초등 저학년 아이에게 교재를 주고 풀어보라고 했을 때 받게 되는 질문은 '이게 무슨 말이에요?', '이 단어가 무슨 뜻이에요?', '어떻게 하는 거예요?' 등입니다. 독해력이 부족하여 문제의 뜻을 이해하지 못하는 경우가 많은 것입니다.

부모님께 질문을 잘하는 성향의 아이라면 쉽게 궁금증 해소가 가능해 크게 문제가 되지 않습니다. 성향상 그렇지 못하고 혼자 고민하는 아이는 공부가 어렵다고 생각해 문제가 될 수도 있습니다. 그래서 처음 배우는 학생에게는 개념에 대해 충분히 설명하고, 함께 문제를 읽으면서 문제가 요구하는 것이 무엇인지 알려주는 것이 중요합니다. 기본 문제를 푸는 방법을 아이의 수준에 맞추어 이해하기 쉽게 설명하고 잘 이해했는지 확인한 후, 다음 단계의 문제부터는 스스로 풀도록 지도해 주면 됩니다. 이 과정이 잘 진행되었다면, 이후에는 아이가 주도적으로 문제를 읽고 요구하는 것을 파악한 후 해결할 수 있을 것입니다.

오늘날 융합 교육의 중요성이 대두되면서 지문의 길이도 길어지고, 실생활과 관련된 문제들이 많이 출제되고 있습니다. 그러나 지문만 길뿐, 크게 어렵지 않은 문제임에도 독해력이 부족하여 풀지 못하는 학생들이 많습니다. 학습의 시작은 독해력이며, 독해력 신장을 위한 책 읽기가 중요합니다.

기다리기

아이에게 사고력 기본 문제를 설명해 주고 다음 단계 문제를 풀어보라고 하면 바로 풀지 않고 가만히 있는 경우가 있습니다. 이때 아이를 기다리지 못하고 혼내거나, 부모님께서 풀어주는 것은 금물입니다. 단순히 생각하기 싫어서 가만히 있는 것이 아니라, 그 문제를 풀기 위해 오랜 시간을 소요하여 깊게 고민하는 아이들이 더 많기 때문입니다.

처음 배운 개념을 활용해서 문제를 해결하려면 요구하는 것이 무엇인지 파악하는 데 시간이 걸리고, 개념을 어떻게 활용할지 사고하는 데에도 시간이 소요됩니다. 조급한 마음에 그 시간을 기다려주지 못하면 사고력이 길러지지 않습니다. 빨리 풀지 못한다고, 생각이 없다고, 머리가 나쁘다고 아이에게 소리를 지르며 화를 내면 아이에게 최악의 교육을 한 것입니다. 이러한 경험은 아이가 공부는 혼나는 시간이라는 인식을 갖게 하고, 자연스럽게 공부를 싫어하게 될 것입니다. 간혹 공부하기 싫어서 생각하지 않는 경우라면 적절한 지도를 하는 것이 맞습니다. 그럼에도 저는 아이의 사고의 흐름에 맞는 질문을 던지며 생각할 수 있게 도와주는 것이 더 바람직하다고 생각합니다. 스스로 사고하여 문제를 풀어 정답을 맞히는 경험을 한 학생은 최소한 공부를 어려워하거나 싫어하지 않습니다. 그러므로 아이에게 문제를 풀기 위해 사고하는 시간을 주세요. 사고력이 길러지면 점차 그 시간이 단축될 것입니다.

적절한 교재 선택하기

아이의 사고력을 자극하는 적절한 교재 선정도 중요합니다. 설명회에 참석하신 부모님께서 제게 이런 질문을 하셨습니다.

> "선행은 되어 있지 않고, 수학 문제집을 푸는 것을 싫어하고,
> 생각하는 것만 좋아하는 초등학교 3학년 학생입니다.

학원에서는 개념이 잡혀 있어 조금만 알려줘도 잘 이해한다고 합니다.
이런 아이는 어떻게 공부해야 할까요?"

생각하는 것을 좋아하는 학생인데 수학 문제집 푸는 것을 싫어하는 이유는 무엇일까요? 조금 살펴보니, 아이가 풀고 있는 수학 문제집이 사고력이 필요하지 않은 단순 연산이나, 3학년 교과 수학의 기본적 개념을 다루는 것이었습니다. 즉, 수준에 맞지 않게 너무 쉬운 교재를 선택한 것입니다. 이럴 때에는 수학 문제집을 푸는 것을 싫어한다고 아이에게 화를 내지 마시고, 어떤 이유로 싫어하는지 물어봐 주어야 합니다. 여러 가지 이유가 있겠지만 '너무 쉬워요.', '재미없어요.', '지겨워요.' 등과 같은 말을 한다면 아이의 수준보다 낮은 교재를 선택했을 가능성이 높습니다.

이 경우 초등학교 3학년 학생이니 연산 교재보다는 사고력 수학 교재로 학습하는 것을 추천합니다. 또한, 기본 교재보다 한 단계 높은 심화 교재를 선택해서 학습하거나, 다음 학기 교과 교재로 선행하는 것이 좋습니다. 학원에 다니는 경우, 학원에서 어떤 수업이 진행되는지에 따라 사고력 학습 또는 교과 선행을 취사선택해 주시면 됩니다.

그렇다고 아이의 수준보다 과도하게 어려운 교재를 선택해서는 안 됩니다. 적당히 난도 있는 교재를 선택한다면 아이가 직접 풀 수 있는 문제는 잘 풀어갈 것이고, 조금 어려운 문제는 풀기 위해 노력할 것입니다. 만약 해결이 되지 않으면 답안을 보거나 관련 강의를 수강하는 것으로 보완할 수 있습니다. 그러나 아이의 수준을 고려하지 않고 공부 잘하는 학생들이 본다는 어려운 교재를 주면 스스로 풀 수 있는 문제가 없고, 답지를 보아도 이해가 되지 않기도 합니다. 반복적으로 실패 경험을 겪은 아이는 사고를 멈추게 되고, 실패가 만든 부정적 감정으로 인해 공부를 멀리하게 될 수 있습니다.

결론적으로, 자기 주도형 학습법을 통해 사고력을 기르기 위해서는 공부에 우선 흥미를 갖고, 자신감과 낙관적인 태도를 갖추어 정서적으로 안정된 상태가 되는 것이 가장 중요합니다. 그리고 아이가 독해력을 길러 문제를 이해하고, 충분히 사고할 수 있는 시간을 가지며, 스스로 해결할 수 있는 적합한 교재로 문제의 의도를 파악하여 사고력을 기를 수 있는 환경을 만들어 주세요. 그렇게 된다면 자연스럽게 공부를 좋아하게 되고, 사고력이 향상되어 자발적으로 학습하는 아이가 될 것입니다.

초등 영재교육원 진학

1 영재교육원의 의미

영재교육원이란 쉽게 생각하면 영재를 교육하는 곳입니다. 이런 영재교육원의
정의와 목적에서 더 나아가 아이의 입장, 부모님의 입장, 그리고 저에게 어떤 의
미가 있는지 생각해 보려고 합니다.

아이의 입장에서 영재교육원이란, 긍정적 관점에서 '영재성을 향상할 수 있는 곳'
이라고 할 수 있습니다. 초등학교 고학년이나 중학생들은 스스로 영재교육원에
가고 싶다고 부모님께 이야기하기도 합니다. 이러한 경우는 개인적인 목표 설정
이 지원 배경일 수도 있지만, 친구가 영재교육원을 다니는 모습을 보고 가고 싶
다고 생각하게 되는 경우도 많았던 것 같습니다. 초등 저학년 아이들은 친구를
통해 영재교육원을 접하기보다는 대부분 부모님을 통해 접하게 됩니다. 저학년
시기부터 각종 대회와 영재교육원 입시까지 준비하게 되는데, 이 과정에서 일부
저학년 아이들은 부담을 느끼는 경우가 많습니다. 영재교육원 입시를 준비하면
서 접하는 교재, 강의, 학원 등으로 인해 아이들은 '영재교육원은 엄마가 나를 괴
롭히는 도구'라고 생각하기도 합니다. 한창 노는 게 좋은 어린아이들인데 자신의
의지와 상관 없이 공부해야 하는 상황이 되어버렸기 때문입니다.

부모님에게 영재교육원이란, 긍정적 관점에서 '자부심'이라고 할 수 있습니다. 아이가 영재교육원에 합격하면 주변에서 아이를 어떻게 합격시켰는지 물어보기도 하고, 아이에 대한 칭찬에 긍지와 기쁨이 느껴지기도 할 것입니다. 반면에, 어떤 부모님, 특히 첫 아이를 두신 분들에게는 '새롭게 공부해야 할 골칫거리'로 다가오실 수도 있습니다.

저에게 영재교육원은 '아이들과 즐겁게 수업하면서 아이들의 사고력을 향상시키는 교육을 할 수 있게 도와주는 도구'입니다. 과거 영재교육원이 활성화되기 전, 외고 입시에 창의사고력 수학 문제가 출제되던 때였습니다. 당시 일하던 출판사에서 창의사고력 과학 교재를 만들어 보자는 의견이 나왔습니다. 이를 계기로 창의사고력 과학이 무엇인지, 아이들과 즐겁게 수업할 수 있는 과학 문제가 있을지 고민하기 시작했습니다. 고민 끝에 아이들이 좋아하는 책이나 생활 속 이야기에서 과학 개념을 찾아 문제로 만들게 되었고, 과학의 중요한 요소인 실험, 탐구와 관련된 부분에서도 유의미한 것들을 확장하여 교재를 만들었습니다. 이후 영재교육원이 활성화되고, 영재교육원 지필 시험에 창의사고력 과학 문제와 비슷한 유형의 문제들이 출제되었습니다. 제가 아이들과 재미있게 공부할 수 있고, 내용이 실생활과 관련되었으면 좋겠다고 생각해서 만들었던 문제들이 영재교육원과 잘 맞아떨어졌던 것 같습니다.

이처럼 각각의 입장에서 영재교육원은 다른 의미로 다가올 수 있습니다. 그러나 영재교육원은 아이의 영재성을 발굴해 내고, 미래로 도약하는 인재의 사고력과 학습 능력을 길러주는 디딤돌이라는 점에서 공통적인 의의가 있습니다. 지금 이 책을 읽고 계신 부모님과 아이들에게 영재교육원은 어떤 의미일지 생각해 보시면 좋을 것 같습니다.

2 영재교육원에 가야 하는 5가지 이유

아이들이 영재교육원에 가야 하는 이유는 무엇일까요? 지금부터 그 이유를 5가지 정도로 정리해 살펴보려 합니다.

첫 번째, 학교생활기록부에 기재

예전에는 영재교육원을 수료하면 과학고나 영재학교 입시에 가산점이 있었으나, 이로 인해 사교육이 과열된다고 하여 폐지되었습니다. 가산점 때문에 영재교육원에 가려고 했던 아이들에게는 영재교육원에 갈 이유가 없어진 것이라고 볼 수 있습니다만, 이후 영재교육 이수 사실을 학교생활기록부에 기재할 수 있게 되었습니다.

학교생활기록부 기재요령(초등학교) '영재교육 이수내용' 입력 방식

1) 「영재교육진흥법 시행령」 제36조 제1항·제2항에 따라 영재교육기관(영재학교, 영재학급, 영재교육원에서 수료한 영재교육 관련 내용은 관련 교과의 '세부능력 및 특기사항'란에만 입력한다.

※ 영재학급을 설치한 학교의 장 및 영재교육원의 장은 해당 영재교육기관에서 영재교육을 받은 학생에 대하여 학교생활기록부에 준하는 자료를 작성·관리하고 이를 매 학년 말에 소속 학교의 장에게 송부하여야 함(「영재교육진흥법 시행령」 제36조 제1항).

※ 영재교육기관(영재학교, 영재학급, 영재교육원) 이수내용을 입력할 경우에는 구체적인 기관 명칭은 입력하지 않음.
〈예시〉 영재교육원에서 학년 과정 정보 영역(120시간) 110시간을 이수함. /
영재학급에서 4학년 과정 정보 영역(120시간) 120시간을 이수함.

학교생활기록부에 이수 사실을 기재할 때는 해당 학년 관련 교과의 '세부능력 및 특기사항'란에 기재하고, 기관명 기재를 금지하는 대신 이수과정, 이수영역, 교육과정 상의 이수시간 및 학생의 이수시간을 기재합니다.

다만, 영재교육원은 법령상 학교와 다른 외부 기관으로 보아야 하므로 영재교육원으로부터 받은 각종 수상 경력은 학교생활기록부에 기재할 수 없습니다. 이는 영재교육원에 입학한 후 수업만 잘 따라가면 해당 기관의 성적이나 수상 여부와는 크게 상관없이 영재교육원에 입학한 그 자체만으로도 학교생활기록부에 기재되어 하나의 스펙으로 활용할 수 있음을 의미합니다. 이러한 내용이 알려지면서 영재교육원에 가려는 학생들이 점점 많아지고 있습니다. 또한, 과학고나 영재학교에 진학한 학생 중 대부분이 영재교육원을 이수한 학생이라는 것이 알려지면서 가산점이 없더라도 영재교육원을 목표로 하는 학생들이 많아졌습니다.

두 번째, 새로운 내용의 교육을 접하는 기회

영재교육원에서 받는 수업은 학교 수업과는 성격이 다릅니다. 영재교육원은 대부분 프로젝트 수업으로 진행되는 반면에, 일반 학교 수업은 프로젝트 수업을 진행하기가 쉽지 않습니다. 한 반을 이루는 학생들의 수준이 천차만별이기 때문입니다. 하지만 영재교육원은 선발 시험을 통해 모인 아이들이기 때문에 대부분 비슷한 수준이라고 할 수 있어 프로젝트 수업을 진행하기에 수월합니다. 따라서 영재교육원에서는 수준 높은 교육을 받을 수 있다고 생각하면 좋을 것 같습니다.

영재교육원에 다니고 있는 학생들에게 물어보면 특히 과학 분야 수업의 질이 높다고 말합니다. 좋은 장비들이 갖추어져 있으며, 그에 따른 수준 높은 프로젝트 수업을 진행하다 보니 그런 것 같습니다. 그래서 저는 영재교육원 입시를 준비하는 학생들에게 과학 분야를 적극 추천하는 편입니다. 물론 학년에 따라 지원할 수 있는 분야가 다르긴 하지만, 가능하다면 과학 분야로 지원하는 게 더 좋다는 생각이 듭니다. 프로젝트 수업을 통해 좋은 급우들과 함께 교육받다 보면 학생들의 탐구력과 사고력 향상에 많은 도움이 줄 것이고, 이는 과학고나 영재학교 입시에도 활용할 수 있는 소중한 경험이 될 것입니다.

세 번째, 유능한 인재들과 인재 Pool 형성

영재교육원에 합격한 아이들은 각 지역에서 똑똑하거나 어느 정도 공부를 잘한다고 알려진 학생들일 것입니다. 비슷한 수준의 학생들이 모여 수업을 받게 되는데, 보통 입학식에서 같은 교육 기관에 다니는 학부모님을 만나게 되고, 그 만남이 학부모 모임으로 이어지는 경우가 많습니다. 아이들은 수업을 진행하는 동안 서로 관계를 맺으며 좋은 친구를 사귈 수 있고, 부모님께서도 아이의 교육에 대한 정보 공유의 장을 형성할 수 있게 되는 것입니다.

이렇게 형성된 인맥을 잘 관리한다면 향후에도 도움이 될 것입니다. 라이브 방송에 참여하셨던 한 부모님께서는 영재교육원이 아이의 입장에서 좋은 친구를 사귈 수 있는 계기가 될 것 같아 가장 좋다고 말씀해 주셨습니다. 실제로 같은 영재교육원에 다니는 아이들은 관심사가 비슷한 경우가 많고, 서로에게 자극을 받아 더 열심히 학습하게 됩니다. 함께 프로젝트를 진행하고 해결하는 과정에서 협동하면서 유대감이 생기고, 그 인연이 계속 이어진다면 서로에게 배울 점이 많은 좋은 친구를 사귈 수 있게 될 것입니다.

네 번째, 지원 자격 완화 및 교육 기회 증대

예전에는 영재교육원 입학을 준비할 때 서울이나 교육열이 높은 지역에서는 학교 대표가 되는 것이 매우 힘들었습니다. 학교 대표를 학년별로 1~2명 정도밖에 뽑지 않아 경쟁이 치열했고, 학교 대표로 뽑히지 않은 경우에는 영재교육원에 지원할 수 없었습니다. 그러나 최근에는 지원 자격이 완화되어 학생이 원할 경우 대부분 학교에서 추천서를 받을 수 있습니다. 학교 대표를 선발해서 지원하는 방식이 아니라, 추천서를 받아 지원하는 방식으로 변한 것입니다. 물론, 이후 지필 시험과 면접 등을 통과해야 영재교육원에 입학할 수 있지만, 시험을 응시할 수 있는 기회 자체가 주어진다는 것만으로 지원 자격이 완화되었다고 할 수 있습니다.

또한, 요즘에는 교육의 형태가 바뀌고 있습니다. 과거에는 시험으로 학생들을 선발한 후 교육이 진행되었다면, 요즘에는 아이들을 먼저 모집하고 교육한 후 이수자를 선발하는 형태로 바뀌고 있습니다. 서울 지역에서는 고려대학교 영재교육원이 이러한 형태로 교육을 진행합니다. 이는 온라인 교육이 가능해졌기 때문이라고 생각됩니다. 오프라인 교육 시에는 제한된 장소에서 많은 아이를 모아 교육하기 어려웠기 때문에 대상자를 먼저 선발해서 교육을 진행했습니다. 하지만 온라인 교육 콘텐츠가 다양해지고, 코로나 이후 온라인 수업이 성장하면서 집에서도 양질의 교육을 받을 기회가 증가했습니다. 그렇기 때문에 온라인으로 여러 가지 과제를 주고, 아이들이 산출물을 제출한 후 면접을 통해 이수자를 선발하는 형태로 바뀐 것입니다. 여기서 선발된 아이들은 다시 현장에서 심도 있는 교육을 받게 됩니다. 앞으로 온라인으로 진행되는 사이버 영재교육원이 조금씩 늘어날 예정입니다. 결론은, 예전보다 영재교육원 지원 자격이 완화되었고, 온라인 교육의 증가로 아이가 조금만 노력한다면 영재교육을 받을 기회가 증대되었다고 할 수 있습니다.

다섯 번째, 준비 과정을 통한 자기 발전

영재교육원에 가려면 영재성 검사, 창의적 문제해결력 검사와 같은 지필 시험과 면접을 준비해야 합니다. 영재교육원 입시를 준비하는 학생들은 영재교육원 시험에 대비할 수 있게 기출문제나 시험 대비 문제집을 풀어보며 준비하고, 평소 접하지 않았던 창의성·사고력 문제들을 접하게 됩니다. 이렇게 새로운 유형의 문제를 접하는 과정에서 수학과 과학에 대한 흥미가 향상되는 경우도 있습니다. 영재교육원을 준비하게 되면 입시 준비로 힘들 것이라고 걱정하지만, 막상 교과서에 국한되지 않은 문제들을 접하면 흥미로워하는 경우가 많습니다. 이 과정에서 아이의 적성을 발견하고, 그것을 올바른 방향으로 이끌어준다면 발전 가능성이 높아질 것입니다.

또한, 자기소개서를 준비하거나 면접을 보는 과정에서 자기 발전을 경험할 수도 있습니다. 자기소개서나 면접은 면접관에게 자신을 어필하는 것이 중요한데, 실질적 일화나 남들과는 다른 경험을 활용하는 것이 좋습니다. 그렇지 않으면 평이한 답변이 되는 경우가 많기 때문입니다. 하지만 미리 시간을 투자하여 준비한다면 스스로가 어떠한 성향인지에 대해 파악하고, 미래를 생각해 보는 계기가 될 것입니다. 그 과정에서 자신을 돌아보면서 발전할 기회가 생길 것입니다.

제가 생각하는 영재교육원에 가야 하는 5가지 이유에 어느 정도 동의하시나요? 이는 그동안 제가 만났던 부모님과 라이브 방송에 참여하셨던 부모님의 생각이 반영된 내용이라고도 할 수 있습니다. 특히, 이 내용에 대한 라이브 방송을 진행할 때 참여하셨던 부모님께서는 5가지 이유 중 자신만의 우선순위가 무엇인지에 대해서도 이야기해 주셨습니다. 여러분들 또한 제가 설명한 5가지 이유 중 가장 공감 가는 이유가 있는지 생각해 보시면 좋을 것 같습니다.

3 영재교육원 입시 활용하기

간혹 영재교육원을 최대 목표로 삼고 시험에 떨어지면 절대 안 된다고 생각하는 학생들이 있습니다. 이러한 학생들은 준비하는 동안 심리적인 압박감을 많이 받고, 떨어지면 크게 상심하기도 합니다. 아직 어린 초등학생일 뿐인데 말입니다. 이럴 때는 관점을 바꾸어서 준비하는 과정을 '활용'한다고 생각해 보면 어떨까요?

단기적인 목표로 활용하기

초등학생 때부터 열심히 공부하는 이유는 결국 자신이 원하는 좋은 대학에 가기 위함이라고 생각됩니다. 하지만 초등학생에게 대입이라니, 너무 먼 미래가 아닐까요? 대입을 위해 여러 방면으로 공부해야 하는 것은 맞지만, 그것만을 목표로 한다면 와 닿지 않는 것도 사실입니다. 그렇기 때문에 영재교육원 입시를 단기적인 목표로 활용하여 현재 나의 수준을 파악할 수 있다면 좋을 것 같습니다.

또한, 보통 영재교육원 입시 요강이 발표되는 9~10월 이후부터 영재교육원 입시를 준비하는 대신, 학기가 시작되는 3월 초부터 준비해 보는 것은 어떨까요? 학년별로 참가할 수 있는 주요 대회를 영재교육원 입시의 단기적인 목표로 활용한다면 조금 더 집중해서 공부할 수 있고, 그 결과를 확인하는 과정에서 아이들에게 좋은 자극과 경험이 될 수 있을 것입니다. 다만, 아이들이 부담을 느끼지 않도록 대회 성적이나 입상 결과가 나쁘다고 질책하지는 않았으면 합니다. 아이가 즐기면서 공부하고, 결과를 바탕으로 스스로가 어느 정도 수준인지 파악하는 용도로 영재교육원 입시를 활용하는 것임을 잊지 않으셔야 합니다.

융합사고력, 수학·과학 흥미 UP

영재교육원 시험을 준비하지 않으면 창의성 문제나 융합사고력 문제 유형을 접할 기회가 별로 없습니다. 대부분 아이가 영재교육원 시험을 준비할 때 대비 문제집이나 교육 콘텐츠를 접하게 되며, 생활 속 수학·과학을 흥미로워하면서 공부하게 됩니다. 이는 학교 공부만 하는 것보다 수학·과학에 대한 흥미를 높일 수 있습니다.

'우리 아이는 영재가 아닌 것 같은데, 꼭 준비해야 하나?'라고 생각하시는 부모님도 계실 것입니다. 하지만 아이가 저학년일 때는 영재인지 아닌지 정확하게 알 수 없습니다. 이러한 아이들도 영재교육원을 준비하면서 다양한 경험을 할 수 있고, 그 과정에서 아이의 흥미나 재능을 발견할 수 있을 것입니다. 또한, 어떻게 보면 교과 공부만 하는 것보다 흥미로운 창의성·사고력 문제들을 공부할 기회가 되지 않을까 합니다.

입시 경험 UP

초등학생 때 영재교육원을 준비하면 대입이나 취업에 필요한 단계들을 미리 연습할 수 있습니다. 대표적인 예로 자기소개서와 면접이 있습니다. 특히, 대학 부설 영재교육원은 자기소개서뿐만 아니라 영재성 입증 자료(포트폴리오)를 준비해야 하는 경우가 많습니다. 이러한 준비를 통해 먼 미래에 필요한 경험을 미리 쌓을 수 있는 것입니다. 영재교육원 면접에서는 창의 인성을 요구하는 내용의 질문뿐만 아니라 영재성을 증명하거나 장래 희망을 묻는 질문도 있습니다.

"여러분이 지원한 분야와 관련하여 흥미를 느끼고
오랫동안 집중해서 한 일은 무엇인가요?
그때의 느낌은 어땠는지 말해 보세요."

"삼십 년 후 나는 어떤 직업을 갖고 있을까요?
그 직업이 다른 사람들에게 어떤 도움을 줄 수 있는지
3가지 이상 말해 보세요."

영재교육원은 이 질문을 통해 아이들이 지원한 분야, 그리고 그와 관련하여 미래에 어떤 모습을 그리고 있는지 등을 확인하고자 합니다. 이러한 질문에 대한 대답을 준비하다 보면 아이는 자신의 장래 희망과 그 꿈을 이루기 위해 어떠한 노력을 해야 하는지, 그 노력이 자신의 영재교육원 지원 분야와 어떠한 관계가 있는지 등을 알아볼 수 있습니다. 예를 들어, 수학 분야를 지원하기 위해 수학에 대한 흥미나 과제 집착력을 보여주는 일화를 생각해 보고, 수학과 관련된 장래 희망을 조사하여 그것을 위해 노력하는 과정을 개연성 있게 정리할 수 있다면 아이들에게 동기 부여가 될 뿐만 아니라 성숙해지는 기회가 되지 않을까요? 동시에 이 과정에서 입시 경험치도 향상시킬 수 있을 것입니다.

4 영재교육원 대비 학습 전략

영재교육원 대비 학습 전략을 요약하면 다음과 같습니다.

평소 답이 있는 문제보다 답이 없는 문제에 대해
자신만의 아이디어를 떠올리고
정리하는 힘을 길러야 한다.

윗글을 읽고 '답이 없는 문제도 있나?'라는 생각을 하시는 분도 있을 것 같습니다. 여기서 말하는 '답이 없는 문제'란 자유로운 아이디어로 답안을 작성해야 하는 문제를 말합니다. 특히, 영재교육원 시험에서는 정해진 답안을 하나만 작성하는 문제들보다 여러 가지 답안을 창의적으로 작성하는 문제가 많이 출제됩니다. 그렇기 때문에 학생들이 자신만의 아이디어를 떠올리고 정리하는 연습이 충분하지 않은 상태로 영재교육원 시험을 본다면 당황하여 여러 가지 답안을 작성하지 못하거나, 비슷한 답안을 여러 개 작성하여 하나의 범주만으로 점수를 받을 수도 있습니다. 특히, 이러한 유형의 문제를 미리 접하지 않고 시험을 본 학생들은 대부분 비슷한 답안을 작성한 후에 문제가 쉽다고 생각하는 경향이 많았던 것 같습니다. 그러므로 영재교육원 시험 대비 전략은 관련 유형의 문제를 미리 살펴보고, 자신만의 아이디어를 정리하는 방향으로 세워야 합니다.

예전에, 목동에서 영재교육원 대비 오프라인 특강을 했을 때 한 어머니께서 아이가 4학년 때부터 6학년 때까지 항상 학교 대표로 뽑혀 매년 영재교육원 시험을 보는데, 막상 영재교육원 시험에서는 떨어진다는 내용으로 상담하셨습니다. 이번에도 학교 대표가 되어 다시 시험을 보게 되었는데, 왜 매번 떨어지는지 이유가 궁금하셨던 것이지요. 수업을 통해 학생을 살펴보니 태도가 매우 좋았습니다. 수업에 적극적으로 참여하고 남학생임에도 필기도 깔끔하게 잘 정리하더군요.

누가 봐도 모범적인 학생이었기 때문에 항상 학교 대표로 뽑혔던 것 같습니다. 그런데 왜 영재교육원 시험에 번번이 실패했던 것일까요?

수업을 하면서 지켜보니, 이 학생은 성실한 모범생이었지만 창의성 문제에서 어려움을 겪고 있었습니다. 학생의 답안을 살펴보면 비슷한 내용으로 작성해서 10개 중에 4~5개만 인정되거나, 너무 평이한 답안이라 독창성 점수를 받지 못하는 경우가 많았습니다.

다행스러운 점은, 이러한 어려움은 연습을 통해 극복이 가능하다는 것입니다. 영재교육원 기출문제 유형과 각 문제의 예시 답안을 살펴보면서 문제 유형을 미리 알아보고, 평소에 이러한 유형의 문제들을 풀어보는 연습을 자주 한다면 시험장에서 해당 문제를 마주했을 때 당황하지 않고 자기 생각을 정리해서 답안을 작성할 수 있습니다. 또한, 이러한 유형의 문제들은 대부분 생활 속에서 발생하는 문제들을 창의적으로 해결하는 것들이 많기 때문에 사고력 향상에도 도움이 될 것입니다.

영재교육원 진학 안내와 관련된 사항은 부록의 244쪽에 더 자세하게 안내했으니, 참고하시면 좋을 것 같습니다.

중장기 학습 계획

1 수학 학습 계획

이공계 영재들은 보통 영재학교, 과학고, 전국 단위 자사고 등에 진학하는 경우가 많습니다. 이 학교에 진학하기 위해서는 수학과 과학 학습이 필수입니다. 먼저 수학의 중장기 학습 계획을 살펴보도록 하겠습니다.

내신 상위권 대비

구분	초 2	초 3	초 4	초 5	초 6
학습 계획	초 3-1	초 3-2~5-1	초 5-2~6	중 1~중 2	중 2~중 3

앞서 수학은 초등학교 때부터 중학교 과정의 선행이 필요하다는 것을 말씀드렸습니다. 위와 같은 수준으로 2학년 때부터 6학년 때까지 학습한다면 중학교에서 내신 상위권을 유지하는 데 도움이 될 것입니다. 물론 학습 진도만 나가는 것이 아니라 정확한 개념 이해가 이루어진 후 상위 학년 내용을 학습해야 합니다. 위와 같은 형태로 선행하기 위해서는 초등학교 2학년 때 1~2학년의 수학 개념을 우선 습득하고, 3학년 과정으로 넘어가야 합니다.

영재학교 · 과학고 · 전국 단위 자사고 대비

구분	초 2	초 3	초 4	초 5	초 6~중 1	중 2~중 3
학습 계획	초 3	초 4 ~초 5	초 6 ~중 1	중 2 ~중 3	중등 심화	중등 심화, 고등
대회	각종 경시대회				각종 경시대회, 한국수학올림피아드(KMO)	

만약 아이가 내신 상위권을 넘어 영재학교, 과학고, 전국 단위 자사고 등으로 진학하는 것을 목표로 한다면 내신 상위권 대비 학습보다 좀 더 빠르게 중등 과정까지 훑어보는 것이 좋습니다. 그 이유는 5학년 때부터는 수학 경시대회에 참가하는 것이 좋기 때문입니다. 또한, 6학년 때부터는 경시대회뿐만 아니라 한국수학올림피아드(KMO)까지 준비하는 것이 좋습니다. 실제 한국수학올림피아드는 중학교 1학년 학생부터 시험을 볼 수 있는 자격이 주어지지만, 1차 시험이 보통 5월 초에 진행되므로 중학교 1학년이 된 이후부터 준비하면 상대적으로 대비할 시간이 부족합니다. 그렇기 때문에 6학년 때부터 미리 준비하는 것입니다.

실제 경시대회나 한국수학올림피아드 수상 실적이 영재학교, 과학고, 전국 단위 자사고 입시에 가산점이 되지는 않습니다. 다만, 아이의 객관적 수준이나 문제해결 능력 등을 확인할 수 있어 입시 준비에 도움을 줄 수 있습니다.

2 과학 학습 계획

전국 단위 자사고 대비

구분	초 5	초 6	중 1	중 2	중 3
학습	초 6	중등 과학	물리학 Ⅰ·Ⅱ, 화학 Ⅰ·Ⅱ		생명과학 Ⅰ, 지구과학 Ⅰ
대회	전국과학전람회, 자유과학탐구대회, 한국과학창의력대회		전국과학전람회, 자유과학탐구대회, 한국과학창의력대회, 청소년과학페어		한국중학생물리대회, 한국중학생화학대회

전국 단위 자사고를 준비한다면 과학은 다음과 같이 학습합니다. 먼저 5학년 때 6학년 과정을 선행하고, 6학년 때는 중학교 과정을 선행합니다. 또한, 전국과학전람회, 자유과학탐구대회, 한국과학창의력대회 같은 초등학생이 참여할 수 있는 대회를 준비하면 탐구력을 키우는 데 도움이 될 것입니다.

중학교에 입학하면 이미 중학 과학 과정을 훑어보았으므로 학교 수업 진도에 맞추어 공부를 하면서 별도로 고등학교 과정을 선행하면 됩니다. 물리학, 화학의 기초를 다지는 것이 중요하기에 중학교 2학년까지는 물리학 Ⅰ·Ⅱ와 화학 Ⅰ·Ⅱ를 공부하면서 위 대회와 청소년과학페어에 참여하는 것이 좋습니다.

중학교 3학년이 되면 생명과학 Ⅰ과 지구과학 Ⅰ을 한 번씩 훑어보고 한국중학생물리대회(KPhe)나 한국중학생화학대회(KMChC)를 준비하는 것이 좋습니다. 한국중학생물리대회나 한국중학생화학대회는 중학생을 대상으로 매년 8월에 대회를 개최합니다. 중학교 1학년부터 대회 참가를 할 수 있지만, 출제되는 문항의 수준과 난이도가 중학교 과정을 넘는 경우가 많기 때문에 고등학교 과정을 학습한 후에 시험에 참여하는 것을 추천합니다. 수상 실적이 입시에 가산점이 있는 것은 아니지만, 수상한 학생들이 목표하는 학교로 진학하는 경우가 많기 때문에 대회에 응시하여 경험을 쌓는 것은 입시에 도움을 줄 것입니다.

영재학교 대비

구분	초 5	초 6	중 1	중 2	중 3
학습	중등 과학	물리학 I · II, 화학 I · II	생명과학 I, 지구과학 I	중등 심화, 영재학교 파이널	생명과학 I, 지구과학 I
대회	전국과학전람회, 자유과학탐구대회, 한국과학창의력대회	전국과학전람회, 자유과학탐구대회, 한국과학창의력대회, 청소년과학페어			–
		한국중학생물리대회, 한국중학생화학대회			

영재학교는 영재교육진흥법에 따라 고등학교 과정 이하의 영재학생들을 선발하는 학교로, 법적으로 고등학교는 아니지만 고등학교 학력을 인정받을 수 있습니다. 영재학교는 중학교 3년 과정을 모두 이수하지 않았어도 입학이 가능하며, 이 부분이 과학고와 가장 큰 차이점이라고 할 수 있습니다. 즉, 영재학교는 중학교 1학년 학생이라도 선발 과정을 거쳐 진학할 수 있습니다. 그렇기 때문에 자사고를 준비하는 학생들보다 2~3년 정도 더 빨리 준비한다는 특징이 있습니다.

보통 초등학교 5학년 때부터 중등 과학을 학습하고, 6학년 때 고등 물리학, 화학을 학습합니다. 또한, 초등학생 때 참가할 수 있는 대회들도 참가하는 것이 좋습니다. 초등학교 6학년 때 고등 과정까지 선행하는 이유는 영재학교의 경우 중학교 1학년 학생들도 도전할 수 있기 때문입니다. 즉, 한 학생이 3년 동안 시험에 응시할 수 있으며, 중학교 1학년 학생부터 중학교 3학년 학생까지 동시에 경쟁하는 것이라고 볼 수 있습니다.

물론 중학교 1학년 학생이 입학하는 경우는 매우 드물지만, 한편으로 생각해 보면 중학교 3년 과정 동안 총 3번의 도전 기회가 있다고 생각할 수 있습니다. 이와 같은 이유로 한국중학생물리대회(KPhe)나 한국중학생화학대회(KMChC)와 같은 대회들도 중학교 1학년 때부터 경험을 쌓는 것이 좋습니다. 여러 번 시험에 도전할 기회가 있는 것이므로 초등학교 때부터 미리 준비해서 경험을 쌓는 것이 중요합니다. 일반적으로는 중학교 2학년 때 영재학교 입시를 경험해 보고, 중학교 3학년 때 본격적으로 도전합니다.

과학고 대비

구분	초 5	초 6	중 1	중 2	중 3
학습	중등 과학	물리학 I · II, 화학 I · II	생명과학 I, 지구과학 I	중등 심화	과학고 파이널
대회	전국과학전람회, 자유과학탐구대회, 한국과학창의력대회	전국과학전람회, 자유과학탐구대회, 한국과학창의력대회, 청소년과학페어			–
		한국중학생물리대회, 한국중학생화학대회			

과학고 대비는 영재학교 대비와 크게 다르지 않습니다. 차이점이 있다면, 과학고는 중학교 3학년 때 한 번만 응시할 수 있다는 점입니다. 그 때문에 중학교 1학년 때까지는 영재학교 대비와 같은 방법으로 준비하고, 중학교 2학년 때는 중등 심화 과정만 진행합니다. 영재학교 입시는 중학교 2학년 때도 치를 수 있지만, 과학고는 중학교 2학년 때 입시가 없기 때문에 중학교 3학년 때 파이널 대비를 한 번만 하는 것입니다. 이때, 이미 학습한 것 중 자신이 부족하다고 느끼는 부분을 공부하거나, 한국중학생물리대회(KPhe)나 한국중학생화학대회(KMChC)와 같은 대회 준비를 열심히 하면 학생에게 도움이 될 것입니다.

실제로 영재학교와 과학고의 학습 로드맵이 거의 비슷하기 때문에 입시를 준비하는 학생들이 중학교 2학년 때 영재학교에 경험 삼아 지원해 보기도 합니다. 이때 합격하면 영재학교로 진학할 수 있고, 만약 불합격하더라도 중학교 3학년 때 또 기회가 있기 때문입니다. 그후 중학교 3학년 때 영재학교를 준비할지, 과학고를 준비할지 방향을 정해서 대비하는 경우가 많습니다. 또한, 보통 영재학교 입시 시기가 좀 더 빠르기 때문에 영재학교에 먼저 도전했다가 과학고 입시에 재도전하는 경우도 있습니다.

지금까지 자사고, 영재학교, 과학고 순서로 과학 학습 로드맵을 살펴보았습니다. 학교별 특성에 따라 조금씩 다르게 대비해야 하지만, 수학과 마찬가지로 선행이 필요한 것이 공통점이라고 할 수 있습니다. 과학은 초 · 중 · 고등학교 내용이 유기적으로 연계되어 있으므로 초등학교 내용을 이해하고 있어야 중학교 및 고등학교 내용을 쉽게 따라갈 수 있습니다. 때에 따라서는 중학교 및 고등학교 내용을 미리 학습함으로써 초등학교 내용을 이해하는 데 도움을 받기도 하고, 한 번에 이해하지 못하는 내용을 두 번, 세 번 반복하면서 이해의 폭이 넓어지기도 합니다. 또한, 장기적인 학습 계획을 달성하기 위해서는 일일 · 주간 학습 계획 및 목표를 꾸준히 이루며 훈련하는 과정이 필요합니다. 꾸준하고 계획적인 학습을 통해 입시를 준비한다면 선행으로 학습 수준을 높일 수 있을 것입니다.

▶ 영재들의 학습법 **라이브 방송 Q & A**

👤 **수학 속진을 해야 하나요?**

↳ 속진 학습은 정상적인 학생보다 학습 시간을 단축시키는 것을 말합니다. 속진 수업은 수업 속도나 템포를 빠르게 하므로 원래 3년인 과정을 2년 이하에 마칠 수 있습니다. 학생 개인의 능력에 맞추어 빠르게 진도를 나가는 것이기 때문에 주로 영재 아동을 대상으로 한 수업에서 많이 활용됩니다. 선행이나 속진이 나쁘다고 생각하시는 분들도 많습니다. 하지만 같은 학년이라도 학생마다 개인의 능력 차이가 나는데, 모든 학생이 같은 수준, 같은 속도로 공부를 하는 것이 더 이상한 것이 아닐까요? 그렇기 때문에 학생의 수준에 맞는 속진 학습이 필요한 것입니다.

속진 학습에서 유의할 점은 기본 개념을 명확하게 잡아야 한다는 것입니다. 많은 분들이 기본 개념을 잡을 때보다 심화 학습을 할 때 강의나 과외의 도움을 더 많이 받는 경우가 많습니다. 이는 잘못된 방법입니다. 수학 개념을 우선적으로 정확하게 다져야만 심화 문제를 잘 풀 수 있습니다. 초등학교 개념을 마스터한 후 중학교 개념을 다지는 것은 초등학교 심화 학습과 연계되어 있습니다. 마찬가지로 고등학교 개념을 다지는 것은 중학교 심화 학습과 연계되어 있다고 할 수 있습니다. 이와 같이 맞물려 있는 개념을 제대로 이해하지 않고 단순히 진도를 빼거나 풀이 방법을 외우는 수준으로 속진 학습을 하는 것은 결과적으로 큰 도움이 되지 않습니다. 실제로 수학 실력은 학생이 직접 문제를 풀어야 향상됩니다. 그러나 개념이 잘 다져지지 않은 상태에서 심화 문제를 풀게 되면 직접 문제를 풀어내는 것이 어렵기 때문에 강의나 과외 선생님의 풀이 과정을 보게 됩니다. 이는 다른 사람이 풀이한 것을 구경한 것에 지나지 않으며, 자신도 같은 방법으로 풀 수 있다는 착각을 하게 됩니다. 따라서 속진 학습을 한다면 학생의 수준을 고려하여 개념을 명확하게 학습하고, 다음 학년으로 넘어가기 전 현 학년의 주요 개념을 명확하게 이해하고 있는지 점검하는 과정이 꼭 필요합니다.

속진 학습? 심화 학습? 차이점이 무엇인가요?

↳ 속진 학습이 학생의 수준에 맞추어 빠르게 진도를 나가 같은 학년의 또래보다 더 빨리 상위 학년을 배우는 것을 말한다면, 심화 학습은 내용을 더 깊고 넓게 배우는 것을 말합니다. 속진 학습은 진도를 빠르게 나가다보니 선행 학습으로 이어지는 데 반해 심화 학습은 선행을 하지 않고 해당 학년의 내용을 넓고 깊게 배울 수 있습니다. 예를 들어, 어떤 3학년 학생이 3학년의 기본 개념을 공부하는 것을 기본 다지기라고 하면, 3학년의 기본 개념을 응용한 실력 문제나 심화 문제를 공부하는 것이 심화 학습입니다. 속진 학습은 3학년의 기본 개념을 마스터한 후 3학년 때 4학년의 기본 개념을 공부하는 것을 말합니다.

간혹 속진 학습과 심화 학습 중 더 좋은 것이 무엇인지 물어보시는 경우가 있습니다. 속진 학습과 심화 학습의 목표가 다르기 때문에 무엇이 더 좋다고 할 수는 없습니다. 다만, 학생의 현재 수준을 파악했을 때 개념이 부족하다면 기본 개념을 다지는 방향으로 속진 학습을 진행하고, 개념을 탄탄하게 정리한 학생들은 심화 학습을 병행하는 것을 추천하고 있습니다. 속진 학습과 심화 학습을 병행할 때에는 속진으로 자신의 학년보다 빠르게 선행하고, 자신의 학년에 해당하는 문제를 심화로 공부하면 두 마리 토끼를 동시에 잡을 수 있을 것입니다.

아직 어린 6살 남아 과학 학습은 어떻게 하면 좋을까요?

↳ 이 질문을 해 주신 부모님께서는 아이가 평소에 실험하는 것을 좋아하여 키트를 주문해서 같이 놀아 주고, 관련 과학 동화를 읽으며 아이에게 과학을 알려준다는 이야기를 하셨습니다. 또한, 어려운 개념은 아이가 이해하지 못하기 때문에 살짝 언급만 하고 넘어간다고 하셨습니다. 제게 질문하지 않아도 될 만큼 충분히 잘 하고 계신 것 같습니다. 초등학교에 입학하기 전의 아이들에게는 너무 어려운 과학 공부를 시키는 것보다 쉽고 재미있게 과학을 노출해 주는 것이 좋습니다. 말씀 주신 것처럼 어려운 개념을 반복해서 설명하고 제대로 알고 있는지 확인하는 것보다 그냥 자연스럽게 언급하는 정도로 지나가는 것이 좋습니다. 다만, 아이가 궁금해 하거나 관심 있어 하는 부분이 있다면 설명해 주셔도 됩니다. 물론, 어려운 내용을 아이가 전부 이해할 수는 없겠지만, 이 시기에 어려운 내용은 결국 초등학교나 중학교, 고등학교에서 배우게 될 것입니다. 나중에 그 내용에 대해 배울 때 어린 시절의 기억은 분명 도움이 될 것입니다.

실천 노트

주간 학습 계획 및 실천

구분	월	화	수	목	금	토	일
요일별 학습 목표							

과목	학습 내용	목표 시간	학습 시간

이번 주, 이것만은 반드시!

일일 학습 계획 및 실천

오늘의 학습 목표	

우선 순위	학습 내용	목표 시간	학습 시간

자기 평가	😀	😐	🙁
	잘함	보통	못함

체크리스트

이공 계열 학습 전략 세우기

문항	예	아니요
1. 좋아하는 과목		
아이가 수학이나 과학과 같은 이공계 분야의 과목을 어려워하지 않고 좋아하나요?	☐	☐
2. 기본 개념 학습		
아이가 현재 학년에 해당하는 수학 · 과학의 기본 개념을 다루는 문제를 틀리지 않고 쉽게 풀 수 있나요?	☐	☐
3. 속진 및 선행 학습		
아이가 현재 학년보다 상위 학년의 수학 · 과학의 기본 개념을 학습하고 있나요?	☐	☐
4. 심화 학습		
아이가 현재 학년에 해당하는 수학 · 과학의 심화 문제를 곧잘 풀 수 있나요?	☐	☐
5. 학습 계획 및 실천		
아이와 함께 실현 가능한 주간 학습 계획 또는 일일 학습 계획을 세우고, 직접 실천했나요?	☐	☐

방과 후

·

워크북

나의 수학 · 과학 학습 수준은?

※ 현 학년까지의 문제를 풀고 기본 개념을 이해했는지 확인해 보세요. 다 풀었다면 응용 · 심화 문제를 풀거나 상위 학년으로 선행을 할 수 있습니다. 풀지 못한 문제가 있다면 해당 단원을 다시 공부한 후 진도를 나가세요.

1 3학년 1학기 수학 · 정답 및 해설 201쪽

덧셈과 뺄셈

1. $\square + \bigcirc + \stackrel{\star}{} = 15$일 때, $\heartsuit$에 알맞은 수를 구해 보세요.

$$
\begin{array}{ccc}
 & \square & \star & \square \\
+ & \star & \bigcirc & \bigcirc \\
\hline
\heartsuit & \star & 3 \\
\end{array}
$$

평면도형

2. 표를 완성해 보세요.

도형	이름	변의 수(개)	꼭짓점의 수(개)
△			
▭			
⬠			
⬡			

나눗셈

3. 다음 4장의 수 카드를 한 번씩만 사용하여 (몇십몇)÷(몇)의 나눗셈식을 만들려고 합니다. 몫이 4인 나눗셈식을 만들어 보세요.

곱셈

4. 민호네 학교 3학년은 한 반에 25명씩 6개의 반이 있습니다. 강당에 있는 의자 한 줄에 18명씩 앉을 수 있습니다. 의자가 8줄이면 민호네 학교 3학년 중 의자에 앉지 못하는 학생은 모두 몇 명인지 구해 보세요.

길이와 시간

5. 지금 시각은 1시 30분 55초입니다. 지금부터 500초 후의 시각은 몇 시 몇 분 몇 초인지 구해 보세요.

분수와 소수

6. 0.7, 1.2, $\frac{3}{10}$의 크기를 비교하고 있습니다. 〈보기〉 중에서 바르게 설명한 것을 골라 기호를 써 보세요.

> 〈보기〉
>
> ㉠ 1.2보다 0.7이 더 큰 수입니다. 1과 2보다 더 큰 수인 7이 있기 때문입니다.
>
> ㉡ 1.2가 1보다 더 크니까 1.2가 $\frac{3}{10}$보다 큽니다.
>
> ㉢ 분모에 10이 있으니까 $\frac{3}{10}$이 제일 큰 수입니다.

물질의 성질

1. 우리 집에 필요한 물체를 설계하려고 합니다. 각각에 알맞은 물질을 〈보기〉에서 골라 써 보세요.

> 〈보기〉
>
> 금속, 나무, 플라스틱, 고무

(1) 바닥이 미끄러지지 않도록 설계합니다.

(2) 다양한 색깔로 만들 수 있도록 설계합니다.

동물의 한살이

2. 다음 중 동물의 한살이 단계가 옳지 <u>않은</u> 것은 어느 것입니까?

① 연어: 알 → 새끼 연어 → 다 자란 연어

② 뱀: 알 → 애벌레 → 새끼 뱀 → 다 자란 뱀

③ 사람: 아기 → 어린이 → 청소년 → 다 자란 어른

④ 개: 갓 태어난 강아지 → 큰 강아지 → 다 자란 개

⑤ 말: 갓 태어난 망아지 → 큰 망아지 → 다 자란 말

자석의 이용

3. 다음은 막대자석을 클립이 든 종이 접시에 넣었다가 천천히 들어 올린 모습입니다. 실험을 통해 알 수 있는 것을 〈보기〉에서 골라 기호를 써 보세요.

〈보기〉

㉠ 막대자석에는 극이 없습니다.
㉡ 막대자석의 가운데 부분에 클립이 많이 붙습니다.
㉢ 막대자석의 양쪽 끝부분에 클립이 많이 붙습니다.

지구의 모습

4. 지구와 비교하여 달의 환경을 바르게 설명한 친구를 골라 써 보세요.

• 지수: 달에는 바람이 많이 부는 편입니다.
• 유진: 달에는 물과 공기가 없습니다.
• 성우: 달에는 구름이 있습니다.
• 현경: 달은 생물이 살기에 알맞은 온도를 유지하고 있습니다.

곱셈

1. 민정이는 킥보드를 타고 1분에 328 m를 갈 수 있습니다. 집에서 도서관까지의 거리가 950 m일 때 킥보드를 타고 3분 안에 도착할 수 있을까요? 알맞은 말에 ○표 해 보세요.

> 도착할 수 (있습니다, 없습니다).

나눗셈

2. 50보다 작은 두 자리 수 중에서 7로 나누었을 때 나머지가 4인 수는 모두 몇 개인지 구해 보세요.

원

3. 지름이 8 cm인 원 4개를 이어 붙여서 그렸습니다. 사각형 ㄱㄴㄷㄹ의 네 변의 길이의 합은 몇 cm인지 구해 보세요.

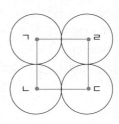

분수

4. 여러 가지 분수에 대한 설명을 읽고 맞으면 ○표, 틀리면 ×표 하세요.

(1) 진분수는 분자가 분모보다 큽니다. ( )

(2) 가분수 $\frac{2}{2}$는 자연수 1과 같습니다. ( )

(3) 자연수와 진분수로 이루어진 분수는 대분수입니다. ( )

(4) 분자와 분모가 같거나 분자가 분모보다 작은 분수를 가분수라고 합니다.

( )

들이와 무게

5. 다음 중 단위 사이의 관계가 <u>잘못된</u> 것은 어느 것입니까?

① 3 L 100 mL=3100 mL

② 8 L 50 mL=8050 mL

③ 16 L 70 mL=1670 mL

④ 6950 mL=6 L 950 mL

⑤ 5008 mL=5 L 8 mL

자료의 정리

6. 다음은 어느 마을의 과수원별 사과 생산량을 조사하여 나타낸 표입니다. 다 과수원의 사과 생산량은 몇 kg인지 구해 보세요.

과수원	가	나	다	라	합계
생산량(kg)	240	180		300	970

동물의 생활

1. 다음 동물들을 분류할 수 있는 분류 기준을 세우고, 기준에 따라 동물을 분류하여 써 보세요.

▲ 거미 　　　　　 ▲ 고양이 　　　　　 ▲ 참새

(1) 분류 기준

(2) 분류 결과

지표의 변화

2. 다음 중 강 상류보다 강 하류에 모래가 더 많은 까닭으로 옳은 것은 어느 것입니까?

① 강 하류에서는 물살이 느리기 때문이다.

② 강 하류보다 강 상류의 폭이 넓기 때문이다.

③ 강 하류에서는 모래가 만들어지기 때문이다.

④ 강 하류보다 강 상류의 경사가 완만하기 때문이다.

⑤ 강 하류에서는 퇴적 작용이 일어나지 않기 때문이다.

물질의 상태

3. 다음과 같은 성질을 가진 상태의 물질을 모두 골라 기호를 써 보세요.

• 흘러내려 손으로 잡을 수 없습니다.
• 담는 그릇에 따라 모양이 변합니다.
• 담는 그릇이 바뀌어도 부피가 변하지 않습니다.

㉠	㉡	㉢
▲ 물	▲ 자갈	▲ 지퍼백 안의 공기

㉣	㉤	㉥
▲ 비눗방울 안의 공기	▲ 식용유	▲ 장난감 자동차

소리의 성질

4. 소리에 대한 설명을 읽고 맞으면 ○표, 틀리면 ×표 하세요.

(1) 물체에서 소리가 날 때에는 떨린다는 공통점이 있습니다. ( )

(2) 소리가 나는 소리굽쇠를 세게 움켜쥐면 소리가 더 커집니다. ( )

(3) 공기가 없는 달에서도 소리는 전달됩니다. ( )

(4) 우리 생활에서 대부분의 소리는 기체인 공기를 통해 전달되고, 고체나
액체를 통해서도 전달됩니다. ( )

큰 수

1. 0부터 9까지의 수 중에서 □ 안에 들어갈 수 있는 수를 모두 구해 보세요.

> 8□015374924 < 85104825937

각도

2. 두 각의 크기의 합이 105°인 삼각형이 있습니다. 이 삼각형의 나머지 한 각의 크기를 구해 보세요.

곱셈과 나눗셈

3. 어떤 수를 35으로 나누었더니 몫이 14로 나누어떨어졌습니다. 어떤 수는 얼마인지 구해 보세요.

평면도형의 이동

4. 도형을 다음과 같이 움직였을 때 방향이 <u>다른</u> 하나를 〈보기〉에서 골라 기호를 써 보세요.

> 〈보기〉
> ㉠ 시계 방향으로 90°만큼 2번 돌리기
> ㉡ 위쪽으로 뒤집기
> ㉢ 시계 반대 방향으로 180°만큼 돌리고 오른쪽으로 뒤집기

막대그래프

5. 다음은 현수네 반 학생들이 좋아하는 간식을 조사하여 나타낸 표입니다. 표를 보고 막대그래프로 나타내어 보세요.

간식	과자	빵	우유	과일
학생 수(명)	5	9	6	3

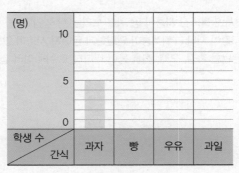

[좋아하는 간식]

규칙 찾기

6. 수 배열의 규칙을 찾아 ○ 안에 알맞은 수를 써넣어 보세요.

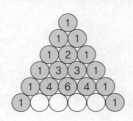

지층과 화석

1. 〈보기〉에서 지층이 만들어지고 발견되기까지의 과정을 순서대로 나열해 보세요.

> 〈보기〉
>
> ㉠ 물속에서 만들어진 지층이 땅 위로 드러난 뒤 깎입니다.
> ㉡ 오랜 시간이 지나고 퇴적층이 단단하게 굳어져 지층이 만들어집니다.
> ㉢ 물이 운반한 자갈, 모래, 진흙 등이 바다나 호수에 여러 겹으로 쌓입니다.

식물의 한살이

2. 다음은 강낭콩 씨가 싹 트는 데 필요한 조건을 알아보기 위한 실험 과정입니다. 이 실험에서 알아보고자 하는 조건은 어느 것입니까?

> 〈실험 과정〉
>
> ㉠ 페트리 접시 두 개에 탈지면을 깔고 크기와 종류가 같은 강낭콩을 3개씩 올려 놓습니다.
> ㉡ 두 페트리 접시를 같은 곳에 둔 뒤, 한쪽 페트리 접시에는 물을 적당히 주고, 다른 페트리 접시에는 물을 주지 않습니다.

① 물

② 빛

③ 흙

④ 온도

⑤ 공기

물체의 무게

3. 물체의 무게에 대한 설명을 읽고 맞으면 ○표, 틀리면 ×표 하세요.

(1) 무게는 지구가 물체를 끌어당기는 힘의 크기입니다. ( )

(2) 무게의 단위 중 하나인 'kg중'은 '그램중'이라고 읽습니다. ( )

(3) 일상생활에서 'g중', 'kg중'을 'g', 'kg'으로 줄여서 사용하기도 합니다.

( )

혼합물의 분리

4. 다음은 소금과 좁쌀의 특징을 정리한 것입니다. 소금과 좁쌀의 혼합물을 분리하기 위해 이용할 수 있는 물질의 성질을 써 보세요.

구분	소금	좁쌀
알갱이의 크기	일정하지 않음	소금보다 크거나 작음
자석에 붙는 성질	자석에 붙지 않음	자석에 붙지 않음
물에 녹는 성질	물에 잘 녹음	물에 잘 녹지 않음

분수의 덧셈과 뺄셈

1. 성은이는 어제에 아침 사과를 $1\frac{3}{6}$개 먹었고, 오늘 아침에 사과를 $1\frac{2}{6}$개 먹었습니다. 성은이가 어제와 오늘 아침에 먹은 사과는 모두 몇 개인지 구해 보세요.

삼각형

2. 정사각형 모양의 색종이를 반으로 접고 선을 그은 다음 선을 따라 잘랐습니다. 자른 삼각형의 세 변의 길이의 합은 몇 cm인지 구해 보세요.

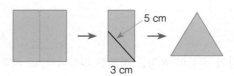

소수의 덧셈과 뺄셈

3. 카드를 한 번씩 모두 사용하여 소수 세 자리 수를 만들려고 합니다. 만들 수 있는 소수 세 자리 수 중에서 두 번째로 큰 수를 써 보세요.

사각형

4. 종이띠를 잘라 만들어진 도형 가~마 중에서 사다리꼴의 개수와 평행사변형의 개수의 합을 구해 보세요.

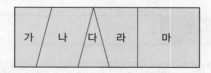

꺾은선그래프

5. 다음은 서현이네 집의 기온을 조사하여 나타낸 꺾은선그래프입니다. 오후 3시에 서현이네 집의 기온은 약 몇 ℃인지 구해 보세요.

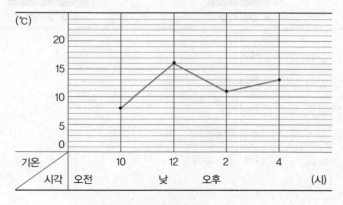

[서현이네 집의 기온]

다각형

6. 한 변이 4 cm이고 모든 변의 길이의 합이 60 cm인 정다각형이 있습니다. 이 도형의 이름을 써 보세요.

식물의 생활

1. ( ) 안에 들어갈 분류 기준으로 알맞은 것은 어느 것입니까?

분류 기준	( )

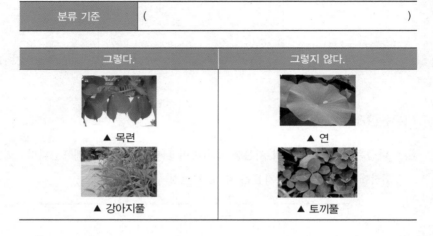

그렇다.	그렇지 않다.
▲ 목련	▲ 연
▲ 강아지풀	▲ 토끼풀

① 잎의 크기가 큰가?

② 잎의 모양이 둥근가?

③ 잎의 끝이 뾰족한가?

④ 잎의 색이 초록색인가?

⑤ 잎의 가장자리가 매끈한가?

물의 상태 변화

2. 다음은 물을 가열했을 때 높이가 변하는 까닭을 설명한 것입니다. 잘못된 부분을 찾아 바르게 고쳐 보세요.

> 비커에 물을 반 정도 넣고 알코올램프로 가열했더니 물의 높이가 낮아졌습니다. 그 까닭은 수증기가 물로 변해 공기 중으로 날아갔기 때문입니다.

그림자와 거울

3. 손전등과 스크린 사이에 물체를 놓고 물체에 빛을 비추면 스크린에 그림자가 생깁니다. 물체와 스크린을 그대로 두고 그림자의 크기를 작아지게 하려면 어떻게 해야 하는지 써 보세요.

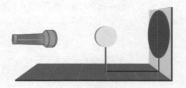

화산과 지진

4. 다음은 우리나라에서 최근에 발생한 지진을 조사하여 정리한 표입니다. 이 표를 통해 알 수 있는 사실은 무엇인지 써 보세요.

발생 지역	발생 연도	규모	피해
경상북도 경주시	2016	5.8	건물 균열 지붕과 담장 파손
경상북도 포항시	2017	5.4	건물, 차량 파손 부상자 및 이재민 발생
경상북도 포항시	2018	4.6	부상자 발생
제주 서귀포시	2021	4.9	주택 창문 및 벽면 균열

물의 여행

5. 물 부족 현상에 대한 설명을 읽고 맞으면 ○표, 틀리면 ×표 하세요.

(1) 한 번 사용한 물은 사라집니다. ( )

(2) 지구에 있는 물이 순환하면서 점점 줄어들고 있습니다. ( )

(3) 인구 증가, 산업 발달 등으로 우리가 쓸 수 있는 물이 점점 부족해지고 있습니다. ( )

자연수의 혼합 계산

1. □ 안에 들어갈 수 있는 가장 작은 자연수를 구해 보세요.

$$6+(12\times3-12)\div2<□$$

약수와 배수

2. 어떤 지역 축제에 어른이 105명, 어린이가 135명 참가했습니다. 어른과 어린이의 수가 각 모둠에 공평하게 들어가도록 가능한 많은 모둠을 짜려고 합니다. 몇 모둠이 나오는지 구해 보세요.

규칙과 대응

3. 한 번에 20명이 탈 수 있는 롤러코스터가 있습니다. 이 롤러코스터는 운행할 때마다 빈자리가 없다고 할 때, 롤러코스터가 운행한 횟수와 롤러코스터를 탄 사람 수 사이의 대응 관계를 식으로 나타내어 보세요.

롤러코스터가 운행한 횟수를 ○, 롤러코스터를 탄 사람의 수를 □라고 할 때, 두 양 사이의 대응 관계를 식으로 나타내면 (   )입니다.

약분과 통분

4. 분수와 소수의 크기를 비교하여 작은 수부터 순서대로 나열해 보세요.

$$1\frac{5}{8}, \quad 1\frac{1}{2}, \quad 1.7$$

분수의 덧셈과 뺄셈

5. 1부터 9까지의 수 카드 중 영훈이는 홀수 카드를, 민선이는 짝수 카드를 각각 3장씩 사용하여 가장 큰 대분수를 만들었습니다. 누가 만든 대분수가 얼마나 더 큰지 구해 보세요.

다각형의 둘레와 넓이

6. 가로가 18 cm이고 둘레가 76 cm인 직사각형이 있습니다. 이 직사각형의 넓이는 몇 cm^2인지 구해 보세요.

온도와 열

1. 다음과 같이 물이 담긴 냄비의 아랫부분을 충분히 가열했을 때 물의 온도에 대한 설명으로 옳은 것을 〈보기〉에서 찾아 기호를 써 보세요.

〈보기〉

㉠ 물의 윗부분만 뜨겁습니다.
㉡ 물의 아랫부분만 뜨겁습니다.
㉢ 냄비의 물 전체가 뜨겁습니다.

태양계와 별

2. 다음은 밤하늘의 별자리를 나타낸 것입니다. 세 별자리의 공통점을 1가지 써 보세요.

▲ 북두칠성

▲ 작은곰자리

▲ 카시오페이아자리

용해와 용액

3. 온도와 양이 같은 물에 설탕, 백반, 소금을 각각 한 숟가락씩 넣고 젓는 과
정을 반복하여 용질이 다 용해되면 ○, 바닥에 가라앉으면 ●로 표시했습니
다. 가장 많이 용해된 물질부터 순서대로 나열해 보세요.

구분	설탕	백반	소금
한 숟가락	○	○	○
세 숟가락	○	●	○
열 숟가락	○	●	●

다양한 생물과 우리 생활

4. 곰팡이와 버섯이 사는 환경에 대한 설명을 읽고 맞으면 ○표, 틀리면 ×표
하세요.

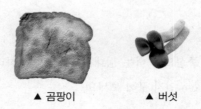

▲ 곰팡이   ▲ 버섯

(1) 곰팡이와 버섯은 추운 곳에서만 자랍니다.   (   )

(2) 곰팡이와 버섯은 햇빛이 잘 드는 곳에서만 잘 자랍니다.   (   )

(3) 곰팡이와 버섯은 대체로 축축한 환경에서 잘 자랍니다.   (   )

수의 범위 어림하기

1. 케이블카의 탑승 가능 무게는 1 t 미만입니다. 진우네 가족의 몸무게는 아버지 75 kg, 어머니 55 kg, 진우 45 kg, 동생 40 kg입니다. 진우네 가족이 먼저 케이블카에 타고난 후, 몸무게가 70 kg인 사람은 최대 몇 명까지 더 탈 수 있는지 구해 보세요.

분수의 곱셈

2. ○와 △의 차를 구해 보세요.

$$\bigcirc \ \frac{1}{○} \times \frac{1}{△} = \frac{1}{48} \qquad \bigcirc \ ○ < △ \qquad \bigcirc \ ○ + △ < 15$$

합동과 대칭

3. 점 ○을 대칭의 중심으로 하는 점대칭도형을 완성하려고 합니다. 점대칭도형의 넓이는 몇 cm^2인지 구해 보세요.

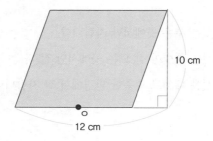

10 cm

12 cm

소수의 곱셈

4. 1시간을 달리는 데 휘발유 7.8 L가 필요한 자동차가 있습니다. 이 자동차가 4시간 30분을 달리는 데 필요한 휘발유는 몇 L인지 구해 보세요.

직육면체

5. 다음과 같은 전개도를 접어 직육면체를 만들었을 때 면 ㄴㄷㄹㅍ과 만나지 않는 면을 찾아 ○표 하세요.

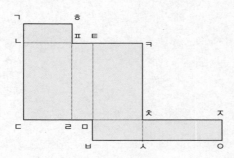

평균과 가능성

6. 1부터 12까지의 수 카드가 있습니다. 수 카드 12장 중에서 1장을 뽑았을 때 일이 일어날 가능성이 가장 낮은 순서대로 기호를 나열해 보세요.

> ㉠ 수 카드에 적힌 수가 홀수일 가능성
> ㉡ 수 카드에 적힌 수가 6의 배수일 가능성
> ㉢ 수 카드에 적힌 수가 24의 약수일 가능성
> ㉣ 수 카드에 적힌 수가 12보다 큰 수일 가능성

생물과 환경

1. 비생물 요소가 생물에 미치는 영향에 대한 설명을 읽고 맞으면 ○표, 틀리면 ×표 하세요.

(1) 햇빛은 식물이 양분을 만드는 데 필요합니다.　　　　　　(　)

(2) 물은 생물이 생명을 유지하는 데 반드시 필요한 것은 아닙니다. (　)

(3) 겨울철 철새의 이동에 가장 큰 영향을 주는 비생물 요소는 흙입니다.

(　)

날씨와 우리 생활

2. 바닷가에서는 낮에 바람이 어떻게 부는지 다음 내용을 모두 포함하여 써 보세요.

> • 고기압과 저기압의 위치
> • 바람이 부는 방향

물체의 운동

3. 두 교통수단의 속력을 구하고, 두 교통수단의 빠르기를 비교하여 써 보세요.

> • 2시간 동안 100 km를 이동한 자동차
> • 3시간 동안 120 km를 이동한 버스

산과 염기

4. 붉은 양배추 지시약을 2~3 방울 떨어뜨린 묽은 염산에 묽은 수산화나트륨 용액을 계속 넣었을 때 지시약의 색깔이 변하는 방향을 아래의 붉은 양배추 지시약 색깔 변화표에서 골라 기호를 써 보세요.

ⓐ   ⓑ

분수의 나눗셈

1. $1\dfrac{5}{8}$를 어떤 자연수로 나누었더니 분자가 1인 분수가 되었습니다. 어떤 자연수 중에서 가장 작은 수를 구해 보세요.

각기둥과 각뿔

2. 〈조건〉을 만족하는 도형의 모서리는 모두 몇 개인지 구해 보세요.

〈조건〉
• 각기둥입니다.
• 면의 수와 꼭짓점의 수의 합이 14입니다.

소수의 나눗셈

3. 어떤 수를 5으로 나누어야 할 것을 잘못하여 4로 나누었더니 몫이 3.25가 되었습니다. 바르게 계산한 몫을 구해 보세요.

비와 비율

4. A 제과점에서는 정가가 18,000원인 케이크를 25 %만큼 할인하여 판매하고, B 제과점에서는 20,000원인 케이크를 35 %만큼 할인하여 판매합니다. 어느 제과점에서 판매하는 케이크가 더 싼지 구해 보세요.

여러 가지 그래프

5. 다음은 ○○ 마을의 인구 분포를 나타낸 원그래프입니다. ○○ 마을의 인구가 200명이라고 할 때, 그래프를 보고 다음의 빈칸에 알맞은 수를 써 보세요.

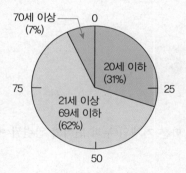

○○ 마을의 20세 이하의 인구는 ____명이고, 21세 이상 69세 이하의 인구는 __명, 70세 이상의 인구는 __명입니다.

직육면체 부피와 겉넓이

6. 겉넓이가 216 cm²인 정육면체의 부피는 몇 cm³인지 구해 보세요.

지구와 달의 운동

1. 어느 날 태양이 지고 난 직후 보름달을 동쪽 하늘에서 관찰했습니다. 이로부터 30일 후에 태양이 지고 난 직후에 다시 보름달을 보았다면 이 보름달은 어느 쪽 하늘에서 보이는지 쓰고, 그 이유를 서술해 보세요.

여러 가지 기체

2. 다음 중 압력에 따른 기체의 부피 변화와 관련된 예로 옳지 <u>않은</u> 것은 어느 것입니까?

① 축구공을 강하게 차면 순간적으로 공이 찌그러집니다.

② 여름철에는 겨울철보다 자동차 바퀴에 공기를 덜 넣습니다.

③ 부풀어 오른 에어백에 충격이 가해지면 부피가 줄어듭니다.

④ 풍선 미끄럼틀에 올라서면 풍선 미끄럼틀의 부피가 줄어듭니다.

⑤ 밑창에 공기 주머니가 있는 신발을 신고 서 있으면 공기 주머니의 부피가 줄어듭니다.

식물의 구조와 기능

3. 다음 낱말을 모두 사용하여 식물이 먹이를 먹지 않고 살 수 있는 이유를 서술해 보세요.

> 빛, 물, 이산화 탄소, 광합성

빛과 렌즈

4. 다음 중 빛의 굴절로 나타나는 현상만을 〈보기〉에서 모두 골라 기호를 써보세요.

> 〈보기〉
> ㉠ 물속에 있는 다리가 짧아 보입니다.
> ㉡ 수영장 바닥이 실제보다 얕아 보입니다.
> ㉢ 거울에 비친 물체의 모습이 좌우가 바뀌어 보입니다.
> ㉣ 프리즘을 통과한 햇빛이 여러 가지 색으로 나타납니다.

분수의 나눗셈

1. $\frac{1}{2}$ 시간 동안 물 $\frac{5}{8}$ L가 나오는 수도꼭지가 있습니다. 이 수도꼭지에서 물 1 L 를 받는 데 몇 시간이 걸리는지 구해 보세요.

소수의 나눗셈

2. 1부터 9까지의 자연수 중에서 □ 안에 들어갈 수 있는 수의 합을 구해 보세요.

$$□ < 13.05 \div 2.9$$

공간과 입체

3. 쌓기나무로 쌓은 모양을 위에서 본 모양에 각 줄에 있는 쌓기나무의 개수를 쓴 것입니다. 2층에 쌓은 쌓기나무는 모두 몇 개인지 구해 보세요.

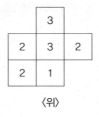

〈위〉

비례식과 비례 배분

4. 30분 동안 충전하면 5 km를 갈 수 있는 전기 자전거가 있습니다. 이 전기 자전거를 2시간 30분 동안 충전하면 몇 km를 갈 수 있는지 비례식을 세워 구해 보세요.

원의 넓이

5. 원을 잘게 잘라서 이어 붙여 직사각형 모양을 만들었습니다. 직사각형의 가로가 18.84 cm일 때 원의 넓이를 구해 보세요. (원주율: 3.14)

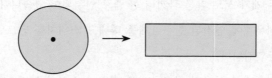

원기둥, 원뿔, 구

6. 한 변을 기준으로 직사각형 모양의 종이를 그림과 같이 돌려서 입체도형을 만들었습니다. 나타나는 두 입체도형의 한 밑면의 둘레의 차를 구해 보세요.

(원주율: 3)

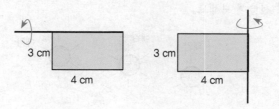

전기의 이용

1. 다음과 같은 전기 회로에 대한 설명으로 옳지 <u>않은</u> 것은 어느 것입니까?

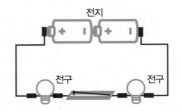

① 전구는 직렬연결 되어 있습니다.

② 전구 두 개가 한 줄로 연결되어 있습니다.

③ 전지 두 개가 서로 다른 극끼리 한 줄로 연결되어 있습니다.

④ 전구 끼우개에 연결된 전구 1개를 빼내고 스위치를 닫으면 전구의 밝기가 어두워집니다.

⑤ 전구 끼우개에 연결된 전구 1개를 빼내고 스위치를 닫으면 나머지 전구에 불이 켜지지 않습니다.

계절의 변화

2. 다음은 태양의 고도에 따라 태양 빛이 비치는 면적을 나타낸 것입니다. 태양의 고도가 높아질수록 기온이 대체로 높아지는 이유를 아래의 그림과 관련지어 서술해 보세요.

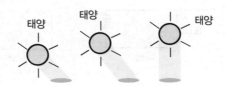

연소와 소화

3. 다음은 연소에 필요한 3가지 조건입니다. 연소의 조건과 관련지어 소화의
   정의를 써 보세요.

> 탈 물질, 산소, 발화점 이상의 온도

우리 몸의 구조와 기능

4. 다음은 우리 몸을 움직이기 위해 각 기관이 하는 일을 설명한 것입니다.
   ㉠~㉣에 들어갈 알맞은 말을 써 보세요.

> (㉠) 기관에서 산소를 흡수하고 (㉡) 기관에서 영양소를 흡수합니다. 흡수
> 된 산소와 영양소는 (㉢) 기관을 통해 온몸에 전달됩니다. 우리 몸이 움직이면
> 서 발생하는 이산화 탄소는 (㉠) 기관에서 몸 밖으로 내보내고, 노폐물은 (㉣)
> 기관에서 몸 밖으로 내보냅니다.

에너지와 생활

5. 다음은 2가지 전등에서 전기 에너지가 빛에너지로 전환되는 비율을 나타낸
   것입니다. 에너지를 효율적으로 이용하려면 어떤 전등을 사용해야 하는지
   그 이유와 함께 서술해 보세요.

구분	백열등	발광다이오드(LED)등
빛에너지로 전환되는 비율	약 5 %	약 95 %

도전! 창의성 · 사고력 문제

※ 기본 개념을 마스터했다면 그 학년에 해당하는 창의성 · 사고력 문제를 풀어 보세요. 탄탄한 기본 개념으로 다양한
문제를 해결할 수 있습니다.

1 **3학년 창의성 · 사고력 문제** · 정답 및 해설 214쪽

일반창의성

1. 답이 '소금'인 질문을 10가지 만들어 보세요. [15점]

-
-
-
-
-
-
-
-

2. 〈규칙〉에 따라 4×4인 표에 ○를 그려 넣으려고 합니다. 서로 다른 방법으로 9가지 그려 넣어보세요. (단, 돌렸을 때 같은 모양은 1가지 모양으로 봅니다.) [15점]

〈규칙〉

- 1개의 표에 ○를 10개씩 그려 넣습니다.
- 표의 1칸에 ○를 1개씩만 그려 넣습니다.
- 가로줄과 세로줄 각 줄에 그려져 있는 동그라미의 개수는 2개 또는 4개가 되도록 그려 넣습니다.

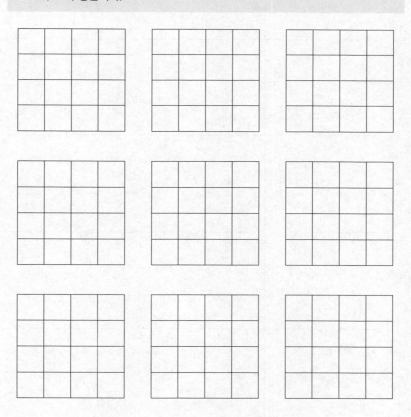

과학창의성

3. 영호가 눈을 가리고 어떤 물체를 손으로 만지고 있습니다. 어떤 느낌일지 5가지 쓰고, 그 느낌과 관련하여 떠오르는 것들을 가능한 많이 써 보세요.

[15점]

느낌	떠오르는 것

수학사고력

4. 주어진 〈조건〉에 해당하는 두 수를 풀이 과정과 함께 구해 보세요. [15점]

〈조건〉
- 두 수는 1부터 9까지의 수입니다.
- 두 수를 곱하면 24가 됩니다.
- 큰 수에서 작은 수에 1을 주면 두 수가 같아집니다.

과학사고력

5. 영재는 연못에서 채집한 개구리 알을 어항에 넣어두었습니다. 얼마 후 알에서 올챙이가 깨어났습니다. 물음에 답하세요. [15점]

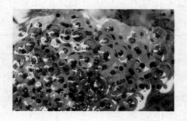

(1) 자연에서 개구리 알이 주로 발견되는 곳의 특징을 써 보세요. [10점]

(2) 알에서 깨어난 올챙이는 자라면 개구리가 됩니다. 이러한 점을 고려하여 올챙이를 어항에서 기를 때 주의할 점을 이유와 함께 서술해 보세요.

[5점]

융합사고력

6. 다음 글을 읽고 물음에 답하세요. [25점]

> 국립수산과학원에 따르면 지난 1968년부터 2022년까지 전 세계 바다의 평균 표층 수온이 0.52 ℃ 상승하는 동안 한반도 해역의 수온은 약 1.35 ℃ 올랐다. 수온 상승은 어업 생산량에 부정적인 영향을 미치고 있다. 어업 생산량이 줄어든 대표적인 사례가 동해의 명태다. 1980년대 초까지만 해도 4만 t 이상 잡히던 명태는 1990년대 들어서 멸종하다시피 됐다. 2017년 국내에서 잡힌 명태는 단 1 t이었다. 서울대 지구환경과학부 연구팀은 1980년대 후반 명태가 알을 낳는 지역의 해수면 온도가 약 2 ℃ 상승해 알을 낳기 좋은 장소가 크게 감소했다고 설명했다.
> — 『조선비즈』, 2023년 1월 6일 자

(1) 다음은 한반도 해역별 표층 수온 변화를 나타낸 표입니다. 표의 내용을 그래프로 나타내어 보세요. [10점]

[한반도 해역별 표층 수온 변화] (단위: ℃)

년 해역	1980	1985	1990	1995	2000	2005	2010	2015	2017
동해	16.0	16.8	18.0	16.3	16.8	16.8	16.7	16.7	17.6
서해	13.9	14.7	14.6	15.2	15.1	15.3	15.5	15.5	14.7
남해	17.9	18.3	19.2	19.1	19.0	19.5	19.6	18.6	19.3

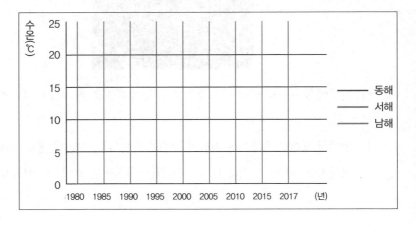

(2) 바다의 수온이 변한 이유는 기후 변화 때문입니다. 기후란 일정한 지역에서 여러 해에 걸쳐 나타난 기온, 비, 눈, 바람 등의 평균 상태를 말하는데, 수십 년 또는 그 이상 유지되던 평균 상태가 크게 변하는 것을 기후 변화라고 합니다. 지구 온난화가 대표적인 기후 변화입니다. 기후 변화로 인해 발생할 수 있는 문제점을 10가지 써 보세요. [15점]

-
-
-
-
-
-
-
-
-

일반창의성

1. 어느 날 갑자기 지구상의 모든 어른들이 사라지고 어린이만 남게 된다면 어떤 일이 일어날지, 나타날 수 있는 일을 10가지 써 보세요. [15점]

-
-
-
-
-
-
-
-

수학창의성

2. 다음 그림과 같이 정사각형 2개와 정사각형 2개가 합쳐진 직사각형 1개가 있습니다. 이 3개의 도형을 변끼리만 이어 붙여서 만들 수 있는 도형을 모두 그려 보세요. (단, 뒤집거나 돌려서 겹치는 모양은 1가지로 봅니다.)

[15점]

과학창의성

3. 우리 주변에서 혼합물을 10가지를 찾고, 그렇게 생각한 이유를 서술해 보세요. [15점]

혼합물	그렇게 생각한 이유

수학사고력

4. 〈보기〉의 (가), (나), (다)는 모두 같은 규칙으로 수를 배열한 것입니다. 알
    맞은 규칙을 찾아 쓰고, 아래의 표를 채워 넣어 보세요. [15점]

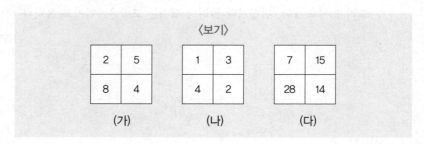

(1) 알맞은 규칙을 찾아 써 보세요. [10점]

(2) 규칙에 맞게 표의 빈칸을 채워 보세요. [5점]

과학사고력

5. 다음은 지층이 만들어지는 과정을 나타낸 것입니다. 물음에 답하세요. [15점]

〈지층이 만들어지는 과정〉

① 자갈, 모래, 진흙 등이 흐르는 물에 의해서 깊은 강이나 바다로 운반됩니다.
② 운반된 물질은 강바닥이나 바다 밑에 쌓입니다.
③ 쌓인 층 위에 또 다른 층이 쌓입니다.
④ 오랜 시간이 지나면 단단해진 지층이 만들어집니다.

(1) 지층의 특징을 3가지 써 보세요. [5점]

-
-
-

(2) 강바닥이나 바다 밑에서 만들어진 지층이 높은 산에서 발견되는 이유를
서술해 보세요. [10점]

6. 다음 글을 읽고 물음에 답하세요. [25점]

한국은 성인 1명이 연간 353잔의 커피를 마시는 '커피 공화국'이다. 그런데 커피를 뽑아내는 과정에서 나오는 커피 찌꺼기가 환경오염의 원인이 된다는 사실을 아는 이는 많지 않다. 국내의 한 기업체에서 커피 찌꺼기를 이용하여 '커피 찌꺼기 탄소 필터'를 개발했다.

커피 찌꺼기 탄소 필터

에어컨, 공기 청정기, 가습기 등에 들어가는 필터에는 기체, 습기를 흡수하는 활성탄이 들어가는데 이는 주로 석탄이나 나무(숯)으로 만들어진다. 이를 대신해 커피 찌꺼기를 이용, 활성탄을 만들었다. 커피 찌꺼기가 탄소를 비롯한 유해 물질을 거르는 데 사용되는 것이다.

— 『조선비즈』, 2023년 1월 12일 자

(1) 커피 찌꺼기로 만든 필터의 장점과 단점을 써 보세요. [10점]

- 장점:

- 단점:

(2) 필터란 무언가를 걸러내는 도구입니다. 생활 속에서 필터와 같은 기능을 가진 도구를 용도와 함께 5가지 서술해 보세요. [15점]

-

-

-

-

-

일반창의성

1. 붓은 물감이나 먹물을 묻혀 그림을 그리거나 글씨를 쓸 때 사용하는 도구입니다. 이러한 용도 외에 다른 용도로 사용할 수 있는 예를 5가지 써 보세요.

[15점]

-
-
-
-
-

수학창의성

2. 다음 그림의 세 점을 꼭짓점으로 하는 이등변삼각형을 가능한 많이 그려 보세요. (단, 돌리거나 뒤집었을 때 같은 모양은 1가지 모양으로 봅니다.)

[15점]

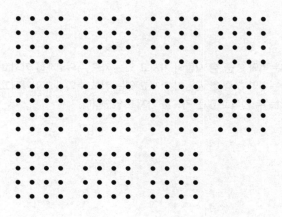

과학창의성

3. 일기 예보란 날씨의 변화를 미리 예측하여 알려주는 것입니다. 날씨를 미리 알아서 좋은 점을 5가지 서술해 보세요. [15점]

-
-
-
-
-

수학사고력

4. A, B, C, D 네 사람이 모두 카드를 가지고 있습니다. 다음 〈설명〉을 읽고 카드를 많이 가지고 있는 사람 순서대로 풀이 과정과 함께 나열해 보세요.

[15점]

〈설명〉
㉠ B는 A와 C 중 한 사람이 가지고 있는 카드 수의 2배를 가지고 있습니다.
㉡ D는 B와 C 중 한 사람이 가지고 있는 카드 수의 3배를 가지고 있습니다.
㉢ C는 두 번째로 많은 카드를 가지고 있습니다.

과학사고력

5. 다음은 닭에게 전염병이 발생했을 때 어떤 과학자가 전염병 백신을 발견한 실험 과정을 정리한 것입니다. 이 실험을 통해 알 수 있는 사실을 3가지 써 보세요. [15점]

〈실험 과정〉
① 전염병에 걸린 닭의 피를 채취하여 스프에 넣어 전염병 균을 배양했다.
② 전염병 균을 배양한 스프를 닭 10마리에게 먹였더니 모두 전염병에 걸려 죽었다.
③ 닭에게 먹이고 남은 스프를 며칠간 방치한 후 닭 10마리에게 먹였더니 4마리 만 전염병에 걸려 죽었다.
④ 몇 주를 방치한 스프를 닭 10마리에게 먹였더니 모두 가벼운 전염병 증세를 보인 후 곧 회복되었다.
⑤ 가벼운 증세를 보인 후 회복된 닭에게 전염병 균을 주사했더니 모두 병에 걸 리지 않았다.

•

•

•

융합사고력

6. 다음 글을 읽고 물음에 답하세요. [25점]

2022년 12월 26일, 화성의 새해가 시작됐다. 미국 항공우주국(나사)이 화성의 새해를 기념해 화성의 모습을 보여주는 사진들을 공개했다. 화성의 새해는 과학자들이 화성 달력을 만들기 시작한 때로부터 37년이 되는 해, 즉 '화성 37년'이다. 과학자들은 지구의 1995년 4월 11일을 화성 1년 1월 1일로 삼아 화성 달력을 만들고 년도를 매기기 시작했다.

서리로 뒤덮인 화성의 모래언덕
〈나사 제공〉

화성이 태양을 한 바퀴 도는 데는 지구일 기준으로 687일이 걸린다. 따라서 화성의 1년은 지구일 기준으로 약 1.9년이다.

— 『한겨레』, 2022년 12월 26일 자

(1) '화성의 37년'의 마지막 날은 지구의 날짜로 언제인지 풀이 과정과 함께 구해 보세요. [15점]

(2) 화성에도 지구처럼 봄, 여름, 가을, 겨울 사계절이 있습니다. 지구는 사계절의 길이가 약 3개월씩 모두 비슷하지만 화성은 북반구를 기준으로 봄은 약 7개월, 여름은 약 6개월, 가을은 약 5.3개월, 겨울은 4개월 정도로 계절의 길이가 각기 다릅니다. 지구와 화성이 태양 주위를 공전하는 모습을 나타낸 그림을 보고, 화성의 사계절의 길이가 다른 이유를 추리하여 서술해 보세요. [10점]

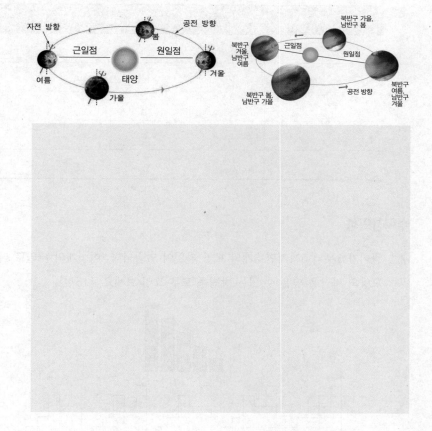

4 6학년 창의성 · 사고력 문제

일반창의성

1. 유튜브 크리에이터라는 직업은 최근에 생겨난 직업입니다. 우리가 어른이 된 미래에 새로 생겨날 직업 5가지와 그렇게 생각하는 이유를 서술해 보세요. [15점]

직업	이유

수학창의성

2. 길이가 1부터 5까지인 5개의 모양 타일이 있습니다. 이 5개의 타일로 다음 모양의 바닥을 덮을 수 있는 방법을 모두 그려 보세요. [15점]

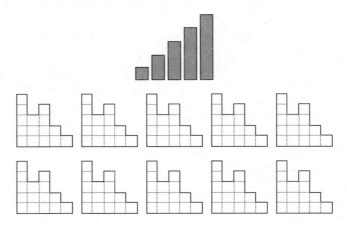

과학창의성

3. ⟨보기⟩는 빛에 관해 궁금한 점을 질문한 것입니다.

⟨보기⟩	
빛	• 빛은 얼마나 빠를까? • 빛이 없으면 어떻게 될까? • 빛을 가리는 방법은 무엇일까? • 빛을 내는 물체는 어떤 것들이 있을까?

위 ⟨보기⟩와 같이 '지구'에 관해 궁금한 점을 질문으로 10가지 만들어 보세요. [15점]

지구	• • • • • • • • • •

수학사고력

4. 쌓기나무를 1층에 5개, 2층에 4개, 3층에 3개, 4층에 2개, 5층에 1개를 쌓아 겉넓이가 최대가 되는 입체도형을 만들려고 합니다. 물음에 답하세요.

[15점]

(1) 〈보기〉와 같이 쌓기나무의 위치를 동그라미로 표시해 보세요. [5점]

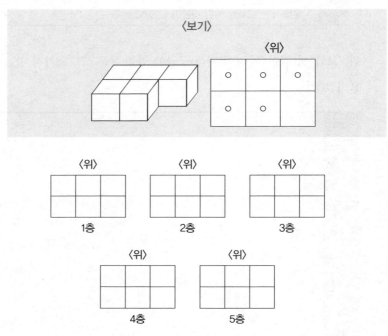

(2) 쌓기나무 한 면의 넓이가 1이라고 할 때, (1)에서 표시한 입체도형의 겉넓이를 풀이 과정과 함께 구해 보세요. [10점]

과학사고력

5. 영재는 액체의 색이 변하는 마술을 하기 위해 다음과 같은 준비물을 준비했습니다. 물음에 답하세요. [15점]

> **〈준비물〉**
>
> 식초, 비눗물, 사이다, 페놀프탈레인 용액, 묽은 염산, 석회수,
> 자주색 양배추 즙, 묽은 암모니아수

(1) 위 〈준비물〉의 재료를 세 모둠으로 분류해 보세요. [5점]

분류 기준			
준비물			

(2) 위 〈준비물〉을 이용하여 다음과 같이 색이 변하는 마술을 하려고 합니다. 어떻게 하면 좋을지 필요한 재료 3가지와 방법을 순서대로 써 보세요.

[10점]

> 컵에 투명한 액체를 넣으니 갑자기 노란색으로 변했습니다. 노란색으로 변한 액체에 어떤 투명한 액체를 조금씩 넣었더니 노란색이 점점 옅어지면서 어느 순간 붉은색으로 변하였습니다.

융합사고력

6. 다음 글을 읽고 물음에 답하세요. [25점]

> 오줌은 인체 내에서 여러 물질이 대사된 후 이들을 배출하기 위해 만들어진 결과
> 물이다. 오줌의 90 % 이상은 물이고, 나머지는 아미노산, 요산, 요소, 무기염류
> 등으로 이루어져 있다. 체온을 조절하기 위해 땀샘에서 분비하는 땀과 성분 차이
> 도 크지 않다. 보통 땀은 물이 99 %, 오줌은 90 % 정도이고, 오줌에는 요소가 포
> 함된다는 점이 다르다. 보통 성인 한 사람이 하루에 흘리는 땀의 양은 약 100 mL
> 인데, 이 양은 주위의 온도나 활동량에 따라 변한다. 운동을 많이 한 날에는 평상
> 시의 10배에서 20배의 땀을 흘리며 이렇게 땀을 많이 흘리면 갈증을 느끼게 된
> 다. 오줌의 양은 땀의 양보다 거의 14배 정도가 많다. 그러나 평상시보다 땀을 아
> 주 많이 흘린 날에는 오줌의 양이 평소의 $\frac{1}{3}$로 줄어든다.

(1) 땀을 많이 흘린 날 오줌의 양이 줄어드는 이유를 서술해 보세요. [10점]

(2) 만약 땀이 나지 않게 된다면 어떤 점이 달라질지 3가지를 그 이유와 함
께 서술해 보세요. [15점]

-
-
-

정답 및 해설

1 나의 수학·과학 학습 수준은?

3학년 1학기 수학

1. 정답 7

　　□＋○＋☆＝15이고, 일의 자리의 덧셈에서 □＋○＝13이므로 ☆＝2입니다.

　　십의 자리의 덧셈에서 1＋2＋○＝12이므로 ○＝9입니다.

　　□＋9＝13이므로 □＝4입니다.

　　424＋299＝7230이므로 ♡＝7입니다.

2. 정답

도형	이름	변의 수(개)	꼭짓점의 수(개)
△	삼각형	3	3
▭	사각형	4	4
⬠	오각형	5	5
⬡	육각형	6	6

3. 정답 4

　　12÷3＝4

4. **정답** 6명

민호네 학교 3학년 학생 수는 25×6=150 (명)입니다.
의자 8줄에 앉을 수 있는 학생 수는 18×8=144 (명)입니다.
따라서 의자에 앉지 못하는 학생 수는 150−144=6 (명)입니다.

5. **정답** 1시 39분 15초

500÷60=8…20이므로 500초는 8분 20초입니다.
1시 30분 55초에서 8분 20초 후는 1시 39분 15초입니다.

6. **정답** ©

$\frac{3}{10}$=0.3이므로 크기를 비교하면 $\frac{3}{10}$<0.7<1.2입니다.

3학년 1학기 과학

1. **정답** (1) 고무 (2) 플라스틱

바닥이 미끄러지지 않도록 설계하기 위해서는 잘 미끄러지지 않는 고무의 성질을 이용
할 수 있습니다. 다양한 색깔로 만들 수 있도록 설계하기 위해서는 다양한 모양과 색깔
의 물체를 다른 물질보다 쉽게 만들 수 있는 플라스틱의 성질을 이용할 수 있습니다.

2. **정답** ②

뱀의 한살이 단계는 '알 → 새끼 뱀 → 다 자란 뱀'입니다.

3. **정답** ©

막대자석의 양쪽 끝에 클립이 많이 붙는 부분을 자석의 극이라고 합니다.

4. **정답** 유진

달에는 물과 공기, 구름이 없고 바람이 불지 않으며, 생물이 살기에 온도가 알맞지 않습
니다.

3학년 2학기 수학

1. **정답** '있습니다'에 ○표

   3분 동안 $328 \times 3 = 984$ (m)를 갈 수 있으므로 도착할 수 있습니다.

2. **정답** 6개

   11, 18, 25, 32, 39, 46

3. **정답** 32 cm

   (사각형 ㄱㄴㄷㄹ의 한 변의 길이)=(원의 지름)=8 cm

   $8 \times 4 = 32$ (cm)

4. **정답** (1) ×　(2) ○　(3) ○　(4) ×

   분자가 분모보다 작은 분수를 진분수라고 하고, 분자와 분모가 같거나 분자가 분모보다 큰 분수를 가분수라고 합니다. 대분수는 자연수와 진분수의 합으로 이루어진 분수를 말합니다.

5. **정답** ③

   1 L는 100 mL이므로 16 L 70 mL=16070 mL입니다.

6. **정답** 250 kg

   (다 과수원의 사과 생산량)=$970 - 240 - 180 - 300 = 250$ (kg)

3학년 2학기 과학

1. **정답** (1) • 알을 낳는 동물과 새끼를 낳는 동물

   　　　• 등뼈가 있는 동물과 등뼈가 없는 동물

   　(2) • 알을 낳는 동물: 거미, 참새 / 새끼를 낳는 동물: 고양이

   　　　• 등뼈가 있는 동물: 고양이, 참새 / 등뼈가 없는 동물: 거미

2. 정답 ①

강 하류는 경사가 완만하고, 물살이 느리기 때문에 강 상류에서 깎인 흙 알갱이들이 쌓입니다.

3. 정답 ㉠, ㉢

흘러내려 손으로 잡을 수 없고, 담는 그릇에 따라 모양이 변하며, 담는 그릇이 바뀌어도 부피가 변하지 않는 것은 액체의 성질입니다.

4. 정답 (1) ○ (2) × (3) × (4) ○

소리가 나는 소리굽쇠를 움켜쥐면 소리가 나지 않고, 공기가 없는 달에서는 소리가 전달되지 않습니다.

4학년 1학기 수학

1. 정답 0, 1, 2, 3, 4, 5

백억의 자리 수가 각각 같고, 억의 자리 수가 0<1이므로
□는 5와 같거나 5보다 작아야 합니다.
따라서 □ 안에 들어갈 수 있는 수는 0, 1, 2, 3, 4, 5입니다.

2. 정답 75°

삼각형의 세 각의 크기의 합은 180°이므로 180°−105°=75°

3. 정답 490

어떤 수를 □라 하면 □÷35＝14이므로 □＝35×14＝490입니다.

4. 정답 ㉠

㉠~㉢과 같이 움직인 모양은 다음과 같습니다.

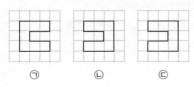

㉠   ㉡   ㉢

5. 정답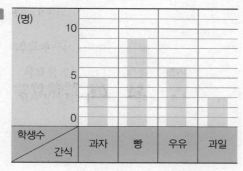

6. 정답 5, 10, 10, 5

1+4=5, 4+6=10
6+4=10, 4+1=5
양쪽 대각선의 두 수를 더하면
빈칸에 들어갈 수를 찾을 수 있습니다.

4학년 1학기 과학

1. 정답 ⓒ → ⓛ → ⓙ

자갈, 모래, 진흙 등이 바다나 호수에 여러 겹으로 쌓인 후 오랜 시간이 지나면 퇴적층이 단단하게 굳어져서 지층이 만들어집니다. 이후 물속에서 만들어진 지층이 땅 위로 솟아오른 뒤 깎이면 눈으로 관측할 수 있습니다.

2. 정답 ①

하나의 페트리 접시에는 물을 주고 다른 페트리 접시에는 물을 주지 않았으므로 씨가 싹 트는 데 물이 필요한지를 알아보는 실험입니다.

3. 정답 (1) ○   (2) ×   (3) ○

'kg중'은 '킬로그램중'이라고 읽습니다.

4. 정답 물에 녹는 성질

소금은 물에 녹고 좁쌀은 물에 녹지 않으므로 소금과 좁쌀의 혼합물을 물에 넣은 후 거름 장치와 증발 장치를 사용해 두 물질을 분리할 수 있습니다.

4학년 2학기 수학

1. **정답** $2\frac{5}{6}$개

   $1\frac{3}{6}+1\frac{2}{6}=2\frac{5}{6}$ (개)

2. **정답** 16 cm

   $5+5+3+3=16$ (cm)

3. **정답** 7.613

   만들 수 있는 세 자리 수 중 가장 큰 수: 7.631
   만들 수 있는 세 자리 수 중 두 번째로 큰 수: 7.613
   만들 수 있는 세 자리 수 중 세 번째로 큰 수: 7.361
   ⋮

4. **정답** 6개

   사다리꼴: 가, 나, 라, 마의 4개
   평행사변형: 나, 마의 2개

5. **정답** 12℃

   오후 2시의 온도는 11℃, 오후 4시의 온도는 13℃이므로 오후 3시의 온도는 11℃와 13℃의 중간인 약 12℃입니다.

6. **정답** 정십오각형

   정다각형은 한 변의 길이가 모두 같으므로 변의 개수는 $60\div4=15$(개)입니다.
   변이 15개인 정다각형은 정십오각형입니다.

4학년 2학기 과학

1. **정답** ③

   목련과 강아지풀 잎은 잎의 끝이 뾰족하고, 연과 토끼풀 잎은 잎 끝이 뾰족하지 않습니다.

2. **정답** 수증기가 물로 → 물이 수증기로

물을 가열했을 때 물의 높이가 변하는 까닭은 물이 수증기로 변해 공기 중으로 날아가기 때문입니다.

3. **정답** 손전등을 물체에서 멀리 합니다.

손전등을 물체에서 멀리하면 그림자의 크기가 작아집니다.

4. **정답** 우리나라도 지진 안전지대가 아닙니다.

우리나라에서도 최근 규모가 큰 지진이 발생했으므로 더 이상 지진의 안전 지역이 아닙니다.

5. **정답** (1) × (2) × (3) ○

지구에 있는 물은 새로 생기거나 없어지지 않고 상태만 변하면서 끊임없이 순환합니다. 따라서 지구 전체에 있는 물의 양은 줄어들지 않고 항상 일정합니다.

5학년 1학기 수학

1. **정답** 19

$6+(12 \times 3-12) \div 2 = 6+(36-12) \div 2$
$\qquad\qquad\qquad\qquad = 6+24 \div 2 = 6+12 = 18$

$18 < \square$ 이므로 $\square$ 안에 들어갈 수 있는 가장 작은 자연수는 19입니다.

2. **정답** 15 모둠

어른과 어린이가 각 모둠에 공평하게 들어가려면
똑같은 수로 나누어떨어지는 105와 135의 최대공약수를 구해야 합니다.
$105 = 15 \times 7$, $135 = 15 \times 9$이므로 105와 135의 최대공약수는 15입니다.

3. **정답** $\bigcirc \times 20 = \square$ (또는 $\square \div 20 = \bigcirc$)

한 번에 롤러코스터를 20명씩 탈 수 있으므로
롤러코스터를 탄 사람의 수($\square$) = 20 × 롤러코스터의 운행 횟수($\bigcirc$)입니다.
또는, 롤러코스터의 운행 횟수($\bigcirc$) = 롤러코스터를 탄 사람의 수($\square$) ÷ 20입니다.

4. 정답 $1\dfrac{1}{2}$, $1\dfrac{5}{8}$, 1.7

$1\dfrac{5}{8}=1\dfrac{25}{40}$, $1\dfrac{1}{2}=1\dfrac{20}{40}$, $1.7=1\dfrac{7}{10}=1\dfrac{28}{40}$

5. 정답 영훈이가 만든 분수가 $1\dfrac{1}{21}$ 만큼 더 크다.

영훈이가 만든 분수: $9\dfrac{5}{7}$, 민선이가 만든 분수: $8\dfrac{4}{6}$

$9\dfrac{5}{7}-8\dfrac{4}{6}=9\dfrac{5}{7}-8\dfrac{2}{3}=9\dfrac{15}{21}-8\dfrac{14}{21}=1\dfrac{1}{21}$

6. 정답 $360\ \text{cm}^2$

직사각형의 세로를 □ cm라고 하면

$(18+□)\times2=76$, $18+□=38$, □$=20$입니다.

따라서 직사각형의 넓이는 $18\times20=360\ (\text{cm}^2)$입니다.

5학년 1학기 과학

1. 정답 ⓒ

물이 담긴 냄비의 아랫부분을 충분히 가열하면 대류 현상으로 인해 물 전체가 뜨거워집니다.

2. 정답 북쪽 밤하늘에서 관찰할 수 있습니다. 스스로 빛을 냅니다. 등

북두칠성, 작은곰자리, 카시오페이아자리는 북쪽 밤하늘에서 관측되는 별자리입니다.

3. 정답 설탕, 소금, 백반

온도와 양이 같은 물에 설탕, 백반, 소금을 더 이상 용해되지 않을 때까지 넣으면 설탕>소금>백반의 순으로 많이 용해됩니다.

4. 정답 (1) × (2) × (3) ○

곰팡이와 버섯은 햇빛이 없으며 따뜻하고 축축한 환경에서 잘 자라고, 주로 여름철에 쉽게 볼 수 있습니다.

5학년 2학기 수학

1. **정답** 11명

1t＝1000kg입니다.

75＋55＋45＋40＝215 (kg), 1000−215＝785 (kg)

785÷70＝11…15

이므로 몸무게가 70 kg인 사람 11명이 더 탈 수 있습니다.

2. **정답** 2

○×△＝48인 두 수는 1과 48, 2와 24, 3과 16, 4와 12, 6과 8입니다.

○<△, ○＋△<15인 두 수는 ○＝6, △＝8이므로

△−○＝8−6＝2입니다.

3. **정답** 120 cm²

점대칭도형은 모양과 크기가 변하지 않습니다.

12×10＝120 (cm²)

4. **정답** 35.1 L

7.8×4.5＝35.1 (L)

5. **정답** 면 ㅌㅁㅊㅋ에 ○표

직육면체에서 마주 보는 면은 서로 만나지 않습니다.

6. **정답** ㄹ, ㄴ, ㄱ, ㄷ

㉠ 1, 3, 5, 7, 9, 11의 6가지, ㉡ 6, 12의 2가지

㉢ 1, 2, 3, 4, 6, 8, 12의 7가지, ㉣ 없다.

5학년 2학기 과학

1. **정답** (1) ○ (2) × (3) ×

햇빛은 식물이 양분을 만드는 데 꼭 필요하고, 물은 생명을 유지하는 데 반드시 필요합니다. 겨울철 철새의 이동에 가장 큰 영향을 주는 비생물 요소는 온도입니다.

2. 　정답　바닷가에서 낮에는 육지 위 공기의 온도가 바다 위 공기의 온도보다 높으므로 바다 위는 고기압, 육지 위는 저기압이 되어 바다에서 육지로 바람이 붑니다.

낮에는 육지 위의 공기가 바다 위의 공기보다 온다고 높으므로 육지 위에는 저기압이 형성되고, 바다 위에는 고기압이 형성됩니다. 따라서 바다에서 육지로 바람이 붑니다.

3. 　정답　자동차: 시속 50 km, 버스: 시속 40 km
　　　빠르기 비교: 자동차가 버스보다 시속 10 km 더 빠릅니다.

자동차: $100 \div 2 = 50$
버스: $120 \div 3 = 40$

4. 　정답　ⓒ

묽은 염산과 같은 산성 용액에서는 붉은색 계열의 색깔로 변하고, 묽은 수산화나트륨 용액과 같은 염기성 용액에 붉은 양배추 지시약은 푸른색이나 노란색 계열의 색깔로 변합니다. 따라서 묽은 수산화나트륨 용액에 묽은 염산을 계속 넣으면 ⓒ 방향으로 색깔이 변하게 됩니다.

6학년 1학기 수학

1. 　정답　13

$1\frac{5}{8} = \frac{13}{8}$ 이므로 13으로 나누면 $\frac{1}{8}$ 이 됩니다.

2. 　정답　12개

□각기둥의 면의 수는 □+2이고, 꼭짓점의 수는 □×2입니다.
□+2+□×2=14, □×3=12, □=4이므로
조건을 만족하는 각기둥은 사각기둥입니다.
사각기둥의 모서리의 수는 $4 \times 3 = 12$ (개)입니다.

3. 　정답　2.6

$3.25 \times 4 = 13$, $13 \div 5 = 2.6$

4. **정답** B 제과점

    (A 제과점의 판매 가격)
    $= 18000 - 18000 \times 0.25 = 18000 - 4500 = 13500$ (원)
    (B 제과점의 판매 가격)
    $= 20000 - 20000 \times 0.35 = 20000 - 7000 = 13000$ (원)

5. **정답** 62, 124, 14

    (20세 이하의 인구 수)$= 200 \times 0.31 = 62$ (명)
    (21세 이상의 69세 이하 인구 수)$= 200 \times 0.62 = 124$ (명)
    (70세 이상의 인구 수)$= 200 \times 0.7 = 14$ (명)

6. **정답** 216 cm^3

    정육면체의 한 면의 넓이의 $216 \div 6 = 36$ (cm^2)이므로
    정육면체의 한 모서리의 길이는 6 cm입니다.
    이 정육면체의 부피는 $36 \times 6 = 216$ (cm^3)입니다.

6학년 1학기 과학

1. **정답** 동쪽 하늘, 달의 모양과 위치는 약 30일을 주기로 변하기 때문입니다.

    달의 모양뿐만 아니라 달의 모양에 따라 관찰되는 위치도 약 30일을 주기로 변합니다.

2. **정답** ②

    여름철에 자동차 바퀴에 공기를 덜 넣는 것은 온도에 따른 기체의 부피 변화와 관련된
    예입니다.

3. **정답** 식물은 빛을 사용하여 이산화 탄소와 물로 양분을 만드는 광합성을 하기 때문입니다.

    식물은 빛을 사용하여 이산화 탄소와 물로 양분을 만드는 광합성을 하므로 먹이를 먹지
    않고 살 수 있습니다.

4. **정답** ㉠, ㉡, ㉣

    ㉠, ㉡, ㉣은 빛의 굴절에 대한 현상이고, ㉢은 빛의 반사에 의한 현상입니다.

6학년 2학기 수학

1. **정답** $\dfrac{4}{5}$ 시간

   $\dfrac{1}{2} \div \dfrac{5}{8} = \dfrac{4}{5}$ (시간)

2. **정답** 10

   $13.05 \div 2.9 = 4.5$ 이고, □ < 4.5이므로

   □ 안에 들어갈 수 있는 수는 1, 2, 3, 4입니다.

   따라서 □ 안에 들어갈 수 있는 수의 합은 $1+2+3+4=10$입니다.

3. **정답** 5개

   2층의 모양은 다음과 같습니다.

   <위>

4. **정답** 30 : 5 = 150 : □, 25 km

   $30 : 5 = 150 : □$, $30 × □ = 750$, $□ = 25$

5. **정답** 113.04 cm²

   $18.84 \div 3.14 = 60$이므로 원의 반지름은 6 cm입니다.

   원의 넓이는 $6 × 6 × 3.14 = 113.04$ (cm²)입니다.

6. **정답** 6 cm

   (위쪽으로 돌렸을 때 나타나는 입체도형의 밑면의 둘레)

   $= 6 × 3 = 18$ (cm)

   (옆으로 돌렸을 때 나타나는 입체도형의 밑면의 둘레)

   $= 8 × 3 = 24$ (cm)

   (둘레의 차) $= 24 - 18 = 6$ (cm)

6학년 2학기 과학

1. **정답** ④

   전구가 직렬로 연결되어 있으므로 전구 한 개를 빼내고 스위치를 닫으면 나머지 전구의 불이 켜지지 않습니다.

2. **정답** 태양의 고도가 높아질수록 일정한 면적의 지표면에 도달하는 태양 에너지양이 많아지므로 기온이 높아집니다.

3. **정답** 탈 물질, 산소, 발화점 이상의 온도가 모두 있어야만 연소가 일어납니다. 이중 1가지 이상의 연소의 조건을 없애 불을 끄는 것을 소화라고 합니다.

4. **정답** ⊙ 호흡, ⓛ 소화, ⓒ 순환, ⓔ 배설

   산소를 흡수하고, 우리 몸에서 발생한 이산화 탄소를 내보내는 기관은 호흡 기관이며, 영양소를 흡수하는 기관은 소화 기관입니다. 온몸에 흡수된 산소와 영양소를 전달하는 기관은 순환 기관이며, 노폐물을 몸 밖으로 내보내는 기관을 배설 기관입니다.

5. **정답** 발광다이오드(LED)등, 전기 에너지가 빛에너지로 전환되는 비율이 백열등보다 높기 때문입니다. 전기 에너지가 빛에너지로 전환될 때 손실되는 에너지가 적을수록 빛에너지로 전환되는 비율이 높아집니다.

2 도전! 창의성 · 사고력 문제

3학년 창의성 · 사고력 문제

1. 예시 답안

- 염전에서 만들어지는 것은?
- 짠맛이 나는 대표적인 가루 물질은?
- 삶은 달걀을 먹을 때 찍어 먹는 것은?
- 소금과 모래 중에서 물에 녹는 물질은?
- 요리할 때 사용하며 짠맛이 나는 물질은?
- 김치를 만들 때 배추에 뿌려서 배추의 물을 빼는 물질은?
- 우유니 사막은 '이것'으로 이루어진 사막입니다. '이것'은 무엇일까요?
- 바닷물이 짠 이유는 '이것'이 들어있기 때문입니다. '이것'은 무엇일까요?
- 바닷물이 얼지 않는 이유는 '이것'이 들어있기 때문입니다. '이것'은 무엇일까요?
- 화폐가 없던 옛날에는 반짝이는 하얀 가루 물질인 '이것'을 돈 대신 사용했습니다. '이것'은 무엇일까요?
- 우리 조상들은 어린아이가 이불에 오줌을 싸면 키를 쓰고 '이것'을 얻어오게 했습니다. '이것'은 무엇일까요?

평가 영역 유창성

총체적 채점 기준	점수(점)
10가지를 바르게 서술한 경우	15
8~9가지를 바르게 서술한 경우	12
6~7가지를 바르게 서술한 경우	9
4~5가지를 바르게 서술한 경우	6
1~3가지를 바르게 서술한 경우	3

2. 예시 답안

평가 영역 유창성

총체적 채점 기준	점수(점)
9가지를 겹치지 않게 그린 경우	15
7~8가지를 겹치지 않게 그린 경우	12
5~6가지를 겹치지 않게 그린 경우	9
3~4가지를 겹치지 않게 그린 경우	6
1~2가지를 겹치지 않게 그린 경우	3

3. 예시 답안

• 따가움: 장미, 바늘, 가시, 전기, 고슴도치 등
• 부드러움: 이불, 강아지, 곰 인형, 머리카락, 죽 등
• 딱딱함: 돌멩이, 책상, 유리구슬, 얼음, 동전, 건전지 등
• 미끌미끌함: 비누, 스케이트장, 생선 비늘, 기름, 바나나 껍질 등
• 따뜻함: 온돌, 보온병, 손난로, 장갑, 모닥불, 불우 이웃 돕기, 핫초코 등

• 융통성

총체적 채점 기준	점수(점)
느낌 5가지를 바르게 서술한 경우	10
느낌 4가지를 바르게 서술한 경우	8
느낌 3가지를 바르게 서술한 경우	6
느낌 2가지를 바르게 서술한 경우	4
느낌 1가지를 바르게 서술한 경우	2

• 유창성

총체적 채점 기준	점수(점)
떠오르는 것 25가지 이상을 바르게 서술한 경우	5
떠오르는 것 20~24가지를 바르게 서술한 경우	4
떠오르는 것 15~19가지를 바르게 서술한 경우	3
떠오르는 것 10~14가지를 바르게 서술한 경우	2
떠오르는 것 1~9가지를 바르게 서술한 경우	1

4. 모범 답안

두 수를 $\square$와 $\bigcirc$, $\square > \bigcirc$라고 할 때,

두 수를 곱하면 24가 되므로 $\square \times \bigcirc = 24$ 이고,

큰 수에서 작은 수에 1을 주면 $\square - 1 = \bigcirc + 1$이므로 $\square = \bigcirc + 2$입니다.

1부터 9까지의 수 중에서 두 수를 곱하여 24가 되는 경우는

(3, 8)과 (4, 6)인데, (4, 6)은 $\square = \bigcirc + 2$를 만족하므로

주어진 <조건>에 해당하는 두 수는 4, 6입니다.

평가 영역 **개념이해력**

요소별 채점 기준	점수(점)
풀이 과정을 바르게 서술한 경우	10
정답을 바르게 구한 경우	5

5. 모법 답안

(1) 물이 얕고 거의 흐르지 않습니다.

평가 영역 개념이해력

총체적 채점 기준	점수(점)
'물이 얕다', '물이 거의 흐르지 않는다.' 2가지를 모두 서술한 경우	10
'물이 얕다', '물이 거의 흐르지 않는다.' 중 1가지만 서술한 경우	5

(2) 올챙이가 개구리로 변하기 시작하면 어항에 모래나 돌 등을 넣어 개구리가 물 밖으로 올라와 활동할 수 있도록 해야 합니다.

평가 영역 개념응용력

요소별 채점 기준	점수(점)
주의할 점을 바르게 서술한 경우	3
이유를 바르게 서술한 경우	2

6. 예시 답안

(1)

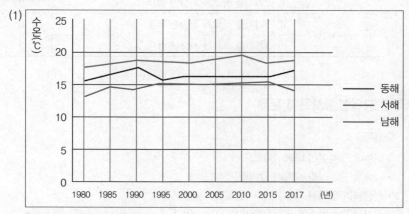

평가 영역 문제이해력

총체적 채점 기준	점수(점)
동해, 서해, 남해의 꺾은선그래프 3가지를 모두 바르게 그린 경우	10
동해, 서해, 남해의 꺾은선그래프 3가지 중 2가지를 바르게 그린 경우	6
동해, 서해, 남해의 꺾은선그래프 3가지 중 1가지를 바르게 그린 경우	3

(2) • 기온이 증가하여 산불 횟수가 증가한다.
 • 지구의 온도가 상승하여 빙하가 녹는다.
 • 생태계가 파괴되어 인류의 삶에도 영향을 미친다.
 • 기온이 높아지면 전염병이 발생할 가능성이 높아진다.
 • 농작물 생산량이 감소하여 식량 부족 문제가 발생한다.
 • 빙하가 녹아 극지방에 사는 생물의 서식지가 좁아진다.
 • 빙하가 녹아 해수면이 상승하여 육지의 면적이 좁아진다.
 • 기온이 증가하여 폭염이 발생하고, 인명 피해로 이어질 수 있다.
 • 지구의 온도가 상승하여 가뭄이 들어 농작물 생산량이 감소한다.
 • 기온이 증가하여 더 강력한 폭풍이 만들어지는 등 기상 재해가 발생한다.
 • 우리나라에서는 해수면 온도가 상승해 명태가 알을 낳기 좋은 장소가 줄어들어
  명태의 수가 크게 감소했다.

평가 영역 문제해결력

총체적 채점 기준	점수(점)
10가지를 바르게 서술한 경우	15
8~9가지를 바르게 서술한 경우	12
6~7가지를 바르게 서술한 경우	9
4~5가지를 바르게 서술한 경우	6
1~3가지를 바르게 서술한 경우	3

4학년 창의성 · 사고력 문제

1. **예시 답안**
 • 어린이 대통령이 나올 것이다.
 • 나에게 잔소리할 사람이 없어질 것이다.
 • 선생님이 없어져 시험을 보지 않을 것이다.
 • 지하철이나 버스에 노약자석이 없어질 것이다.
 • 군대에 갈 사람이 없어져 전쟁이 없어질 것이다.
 • 농사를 지을 사람이 없어져 식량이 부족해질 것이다.
 • 영화나 비디오에서 시청 등급 규제가 없어질 것이다.
 • 아이를 낳을 수 있는 사람이 없어져 인구가 줄어들 것이다.
 • 운전을 할 수 있는 사람이 없어져 자동차를 탈 수 없을 것이다.
 • 나를 돌봐줄 부모님이 없어져 스스로 모든 일을 해결해야 할 것이다.

평가 영역	유창성	

총체적 채점 기준	점수(점)
10가지를 바르게 서술한 경우	15
8~9가지를 바르게 서술한 경우	12
6~7가지를 바르게 서술한 경우	9
4~5가지를 바르게 서술한 경우	6
1~3가지를 바르게 서술한 경우	3

2. 모범 답안

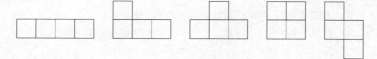

평가 영역	유창성	

총체적 채점 기준	점수(점)
5가지를 바르게 그린 경우	15
4가지를 바르게 그린 경우	12
3가지를 바르게 그린 경우	9
2가지를 바르게 그린 경우	6
1가지를 바르게 그린 경우	3

3. 예시 답안

- 바닷물: 물과 소금이 섞여 있기 때문이다.
- 잡곡밥: 쌀, 콩, 팥 등이 섞여 있기 때문이다.
- 필통: 연필, 지우개, 자 등이 섞여 있기 때문이다.
- 케이크: 빵, 크림, 과일 등이 섞여 있기 때문이다.
- 쓰레기통: 여러 가지 쓰레기가 섞여 있기 때문이다.
- 교실: 선생님, 남학생, 여학생 등이 섞여 있기 때문이다.
- 합창단: 소프라노, 알토, 테너, 베이스 등이 섞여 있기 때문이다.
- 공기: 산소, 수소, 질소 등 여러 가지 기체가 섞여 있기 때문이다.
- 우유: 물, 단백질, 지방 등 여러 가지 영양소가 섞여 있기 때문이다.
- 잡채: 당면, 시금치, 당근, 고기 등 여러 가지 재료가 섞여 있기 때문이다.

총체적 채점 기준	점수(점)
10가지를 바르게 서술한 경우	15
8~9가지를 바르게 서술한 경우	12
6~7가지를 바르게 서술한 경우	9
4~5가지를 바르게 서술한 경우	6
1~3가지를 바르게 서술한 경우	3

4. 모범 답안

(1)

㉠	㉣
㉡	㉢

표의 각 칸을 왼쪽과 같이 ㉠~㉣이라고 할 때,
㉠×4=㉡, ㉠×2=㉢, ㉠×2+1=㉣ (또는 ㉢+1=㉣)입니다.

평가 영역 개념이해력

요소별 채점 기준	점수(점)
규칙을 바르게 서술한 경우	10

(2)

3	7
12	6

6	13
24	12

5	11
20	10

평가 영역 개념응용력

총체적 채점 기준	점수(점)
표 3개를 바르게 채운 경우	5
표 2개를 바르게 채운 경우	3
표 1개를 바르게 채운 경우	1

5. 모범 답안

(1) • 나란한 줄무늬가 있습니다.
   • 같은 층에는 크기와 색깔이 비슷한 알갱이들이 모여 있습니다.
   • 지층 속에 있는 암석의 알갱이 크기와 색깔이 층마다 다릅니다.

총체적 채점 기준	점수(점)
3가지를 바르게 서술한 경우	5
2가지를 바르게 서술한 경우	3
1가지를 바르게 서술한 경우	1

(2) 지구 내부의 힘에 의해 지층이 솟아오르기 때문입니다.

평가 영역 개념응용력

요소별 채점 기준	점수(점)
'지구 내부의 힘에 의해'를 언급한 경우	5
'지구 내부의 힘에 의해', '지층이 솟아오르기 때문에' 2가지를 모두 서술한 경우	5

6. 예시 답안

(1) • 장점: 커피 찌꺼기는 대부분 버려지는 쓰레기이기 때문에 원료비가 들지 않을 것 입니다.
  • 단점: 커피 찌꺼기로 만든 탄소 필터는 석탄이나 숯으로 만든 필터에 비해 가격이 비쌀 것입니다.

해설

커피 1잔에 들어가는 원두 15 g 중 에스프레소를 추출하는 데 필요한 건 단 0.03 g (0.2%)입니다. 나머지는 커피 찌꺼기로 생활 폐기물로 분류돼 버려집니다. 보통 커 피 가공 공장에서 운반비만 지불하고 커피 찌꺼기를 가져올 수 있기 때문에 원료비 가 거의 들지 않습니다. 커피 찌꺼기를 가공할 때도 이미 가열한 찌꺼기를 사용하기 때문에 탄소를 만들기 위해 높은 열을 가해야 하는 단계를 건너뛸 수 있는 장점도 있 습니다. 그러나 석탄이나 숯을 사용한 필터는 대량 생산을 할 수 있는 기술적 조건을 모두 갖추고 있지만 커피 찌꺼기 필터는 이제 막 소량 생산을 하고 있는 단계라 비용 이 많이 듭니다.

평가 영역 문제이해력

요소별 채점 기준	점수(점)
장점을 바르게 서술한 경우	5
단점을 바르게 서술한 경우	5

(2) • 체: 크기가 다른 물질을 분리한다.
  • 사람의 코털: 공기 중의 먼지를 걸러준다.
  • 마스크: 바이러스나 미세먼지 등을 걸러준다.
  • 하수구 거름망: 물은 통과하고 찌꺼기는 거름망에 남는다.
  • 거름종이: 물에 녹는 물질은 통과하고 녹지 않는 물질은 통과하지 않는다.

평가 영역 문제해결력

총체적 채점 기준	점수(점)
5가지를 바르게 서술한 경우	15
4가지를 바르게 서술한 경우	12
3가지를 바르게 서술한 경우	9
2가지를 바르게 서술한 경우	6
1가지를 바르게 서술한 경우	3

5학년 창의성 · 사고력 문제

1. **예시 답안**

  • 화장을 할 때 사용한다.
  • 간지럼을 태울 때 사용한다.
  • 물을 흡수할 수 있으므로 휴지 대신 사용한다.
  • 지우개 가루를 빗자루처럼 쓸어내는 데 사용한다.
  • 길이가 일정하므로 긴 물체의 길이를 잴 때 사용한다.
  • 김이나 프라이팬 등에 기름을 넓게 펴 바를 때 사용한다.
  • 키보드 사이처럼 좁은 곳의 먼지를 털어내는 데 사용한다.

평가 영역 유창성

총체적 채점 기준	점수(점)
5가지를 바르게 서술한 경우	15
4가지를 바르게 서술한 경우	12
3가지를 바르게 서술한 경우	9
2가지를 바르게 서술한 경우	6
1가지를 바르게 서술한 경우	3

2. 모범 답안

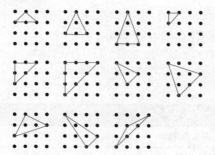

평가 영역 유창성

총체적 채점 기준	점수(점)
10가지 이상을 바르게 그린 경우	15
8~9가지를 바르게 그린 경우	12
6~7가지를 바르게 그린 경우	9
4~5가지를 바르게 그린 경우	6
1~3가지를 바르게 그린 경우	3

3. 예시 답안

• 날씨에 따라 휴가 계획을 세울 수 있다.
• 비가 올 때 미리 우산을 준비할 수 있다.
• 집중 호우나 폭설에 미리 대비할 수 있다.
• 소풍이나 수련회를 갈 때 날씨를 알아보고 장소를 결정할 수 있다.
• 체육 시간에 실내 활동을 할지 야외 활동을 할지 미리 결정할 수 있다.
• 여름철 아이스크림이나 에어컨 등 계절 상품의 생산량을 예측할 수 있다.
• 어촌에서 배를 타고 바다에서 고기잡이를 할지, 하지 않을지를 결정할 수 있다.

평가 영역 유창성

총체적 채점 기준	점수(점)
5가지를 바르게 서술한 경우	15
4가지를 바르게 서술한 경우	12
3가지를 바르게 서술한 경우	9
2가지를 바르게 서술한 경우	6
1가지를 바르게 서술한 경우	3

4. 모범 답안

⊙으로부터 B>A 또는 B>C이고, ⓛ으로부터 D>C 또는 D>B입니다.

① B>A이면 ⓒ으로부터 C>B>A이므로 D>C>B>A가 됩니다.

② B>C이면 ⓛ으로부터 D>B>C, B>D>C인데, 이는 ⓒ을 만족시키지 못합니다.

따라서 카드를 많이 가지고 있는 사람 순서는 D>C>B>A입니다.

평가영역 개념이해력

요소별 채점 기준	점수(점)
풀이 과정을 바르게 서술한 경우	10
정답을 바르게 구한 경우	5

5. 예시 답안

- 방치된 스프 속 전염병 균의 독성이 약화되었다.
- 닭이 걸린 전염병 균을 인공적으로 배양할 수 있다.
- 회복된 닭의 몸속에는 전염병 균을 기억하는 세포가 있다.
- 가벼운 전염병에 걸렸던 닭은 전염병 균이 몸에 들어와도 감염되지 않는다.

평가영역 탐구력

총체적 채점 기준	점수(점)
3가지를 바르게 서술한 경우	15
2가지를 바르게 서술한 경우	10
1가지를 바르게 서술한 경우	5

6. 모범 답안

(1) 화성 37년의 첫째 날은 2022년 12월 26일이고, 화성의 1년은 지구일 기준으로 687일입니다. 따라서 화성 37년의 마지막 날은 2022년 12월 26일부터 687일째 되는 날임을 알 수 있습니다. 1년은 365일이므로 687일은 1년 322일입니다. 즉, 2022년 12월 26일부터 687일째 되는 날은 2023년 12월 26일부터 322일째 되는 날과 같습니다. 2023년 12월 26일부터 2024년 10월까지 날 수는 12월은 5일, 1월은 31일, 2월은 29일, 3월은 31일, 4월은 30일, 5월은 31일, 6월은 30일, 7월은 31일, 8월은 31일, 9월은 30일, 10월은 31일로, 총 311일입니다. 따라서 322일째 되는 날은 2024년 11월 11일입니다.

요소별 채점 기준	점수(점)
풀이 과정을 바르게 서술한 경우	10
정답을 바르게 구한 경우	5

(2) • 지구의 공전 궤도는 태양을 중심으로 하는 원형이지만, 화성의 공전 궤도는 태양이 한쪽으로 치우쳐 있는 타원형이기 때문입니다.

• 지구의 공전 궤도에서 봄, 여름, 가을, 겨울을 나타내는 위치 사이의 거리는 거의 일정한데 비해, 화성의 공전 궤도에서 봄, 여름, 가을, 겨울을 나타내는 위치 사이의 거리는 계절마다 다르기 때문입니다. 각 위치를 나타내는 거리가 멀면 계절의 길이가 길고, 거리가 짧으면 계절의 길이가 짧습니다.

해설

화성은 태양에서 가장 먼 때(원일점)와 태양에서 가장 가까운 때(근일점)의 거리 차이가 4000만 km인 타원 궤도를 돌고 있기 때문에 사계절의 길이가 다릅니다. 반면에, 공전 궤도가 원형에 가까운 지구는 사계절의 길이가 모두 비슷합니다.

평가 영역 문제해결력

요소별 채점 기준	점수(점)
지구의 공전 궤도에 관해 서술한 경우	5
화성의 공전 궤도에 관해 서술한 경우	5

6학년 창의성 · 사고력 문제

1. 예시 답안

• 우주 환경미화원: 인공위성이나 로켓 잔해나 파편으로 이루어진 우주쓰레기를 청소하는 직업이 생길 것입니다.

• 눈 운동 트레이너: 현재에도 시력이 계속 나빠지므로 미래에는 사람들의 시력을 관리해 주는 트레이너가 생길 것입니다.

• 인터넷 고고학자: 인터넷상에는 매우 많은 정보가 있는데, 인터넷상의 희귀하거나 오래된 자료를 전문적으로 발굴하는 직업이 생길 것입니다.

• 데이터 폐기 처리자: SNS나 블로그, 카페, 메일 등 인터넷에 남아 있는 수많은 불필요한 데이터를 전문적으로 삭제해 주는 직업이 생길 것입니다.

- 날씨(기후) 조절 관리자: 인공 강우와 같이 기상 현상을 조절하는 기술이 일반화되면 가뭄, 극서, 극한, 태풍과 같은 현상을 조절하여 기후 변화로 인한 여러 문제를 해결할 수 있는 사람이 생길 것입니다.

평가 영역 유창성

총체적 채점 기준	점수(점)
5가지를 바르게 서술한 경우	15
4가지를 바르게 서술한 경우	12
3가지를 바르게 서술한 경우	9
2가지를 바르게 서술한 경우	6
1가지를 바르게 서술한 경우	3

2. **예시 답안**

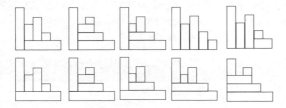

평가 영역 유창성

총체적 채점 기준	점수(점)
9~10가지를 바르게 그린 경우	15
7~8가지를 바르게 그린 경우	12
5~6가지를 바르게 그린 경우	9
3~4가지를 바르게 그린 경우	6
1~2가지를 바르게 그린 경우	3

3. **예시 답안**

- 지구의 나이는 몇 살일까?
- 지구의 자전 주기는 몇 일일까?
- 지구의 공전 주기는 몇 일일까?
- 지구에 살고 있는 사람의 수는 몇 명일까?

- 지구에서 가장 높은 산의 높이는 몇 km일까?
- 지구에 살고 있는 생물의 종류는 몇 종류일까?
- 지구의 크기를 측정할 수 있는 방법은 무엇일까?
- 지구의 모양을 확인할 수 있는 방법은 무엇일까?
- 지구의 자전으로 인해 나타나는 현상은 무엇일까?
- 지구의 공전으로 인해 나타나는 현상은 무엇일까?

평가 영역 유창성

총체적 채점 기준	점수(점)
10가지를 바르게 서술한 경우	15
8~9가지를 바르게 서술한 경우	12
6~7가지를 바르게 서술한 경우	9
4~5가지를 바르게 서술한 경우	6
1~3가지를 바르게 서술한 경우	3

4. **모범 답안**

(1)
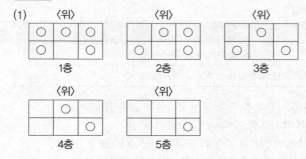

평가 영역 개념이해력

총체적 채점 기준	점수(점)
5가지를 바르게 그린 경우	5
4가지를 바르게 그린 경우	4
3가지를 바르게 그린 경우	3
2가지를 바르게 그린 경우	2
1가지를 바르게 그린 경우	1

(2) 밑면과 윗면의 넓이는 각각 5입니다.

1층, 2층, 3층의 옆면의 넓이는 각각 12입니다.

4층 옆면의 넓이는 8입니다.

5층 옆면의 넓이는 4입니다.

(입체도형의 겉넓이)$=5×2+12×3+8+4=58$

평가 영역 개념응용력

요소별 채점 기준	점수(점)
정답과 풀이 과정을 바르게 서술한 경우	7
정답을 바르게 구한 경우	3

5. 모범 답안

(1)

분류 기준	산성 용액	염기성 용액	지시약
준비물	식초, 사이다, 묽은 염산	비눗물, 석회수, 묽은 암모니아수	페놀프탈레인 용액, 자주색 양배추 즙

평가 영역 개념이해력

요소별 채점 기준	점수(점)
분류 기준을 바르게 쓴 경우	3
분류 기준에 알맞게 준비물을 서술한 경우	2

(2) • 필요한 재료: 자주색 양배추 즙, 묽은 암모니아수, 묽은 염산

　　• 방법: ① 컵 안쪽에 자주색 양배추 즙을 바릅니다.

　　　　　 ② 자주색 양배추 즙을 바른 컵에 묽은 암모니아수를 넣습니다.

　　　　　 ③ 노란색으로 변한 용액에 묽은 염산을 조금씩 넣습니다.

평가 영역 탐구력

요소별 채점 기준	점수(점)
재료 3가지를 바르게 고른 경우	3
방법을 바르게 서술한 경우	7

6. 모범 답안

(1) 땀과 오줌은 대부분 물로 이루어져 있습니다. 땀을 많이 흘리면 몸속에 있는 물이 많이 빠져나가게 되어 상대적으로 오줌의 양이 줄어듭니다.

평가 영역 **문제이해력**

요소별 채점 기준	점수(점)
땀과 오줌의 성분에 관해 서술한 경우	7
몸속에 있는 물의 양에 대해 서술한 경우	3

(2) • 땀이 나지 않으므로 몸에서 불쾌한 땀 냄새가 나지 않을 것이다.
  • 땀이 나지 않아 체온 조절이 되지 않으므로 도마뱀처럼 체온이 쉽게 변할 것이다.
  • 몸속의 물이 오줌으로만 빠져나오기 때문에 오줌의 양이 많아져 화장실을 가는 횟수가 늘어날 것이다.

해설

오줌은 콩팥에서 만들어지고, 땀은 땀샘에서 만들어집니다. 모두 대부분 물로 이루어져 있으며, 몸속에서 만들어진 노폐물을 물과 함께 몸 밖으로 내보내는 역할을 합니다. 땀은 몸에 열이 났을 때 땀을 흘려 체온을 낮추는 체온 조절 기능이 있습니다. 보통 더운 여름에는 추운 겨울보다 땀을 더 많이 흘리기 때문에 오줌의 양이 적어집니다.

평가 영역 **문제해결력**

총체적 채점 기준	점수(점)
3가지를 바르게 서술한 경우	15
2가지를 바르게 서술한 경우	10
1가지를 바르게 서술한 경우	5

부록

·

성격 유형별 학습법

주요 과학 대회 개최 요강

영재교육원 진학 안내

성격 유형별 학습법

성격 유형별 특징 안내

MBTI(마이어스-브릭스 유형 지표, Myers-Briggs Type Indicator) 성격 유형 검사는 인식과 판단에 대한 융의 이론을 바탕으로 개인이 쉽게 응답할 수 있는 자기 보고서 양식을 통해 개인의 선호 경향을 찾고, 이러한 선호 경향들이 합쳐져서 인간의 행동에 어떤 영향을 미치는가를 파악하도록 제작된 검사입니다.

E	외향 단체, 개방	에너지 방향 ↕ 초점, 태도	내향 개인, 내면	I
S	감각 현실, 경험, 정확	인식 방식 ↕ 정보 수집	직관 미래, 가능성, 신속	N
T	사고 원칙, 논리	판단 ↕ 의사 결정	감정 관계, 협조	F
J	판단 계획, 목적성	생활 양식 ↕ 대처 방식	인식 자율, 융통성	P

MBTI 검사에서는 성격을 16가지 유형으로 나누는데, 유형별 자세한 특징은 다음과 같습니다.

ISTJ "세상의 소금형"

신중하고 집중력이 강하며 매사에 철저하여 사리 분별이 뛰어난 아이

사실을 정확하고 체계적으로 기억하고, 일 처리에 신중하며 책임감이 강합니다. 집중력이 강하고 현실 감각을 지녔으며 보수적, 조직적이고 침착합니다. 과거의 경험을 문제해결에 잘 적용하며 반복적인 일에 대한 인내력이 강합니다. 정확성과 조직력을 발휘하는 분야를 선호하여 회계, 법률, 생산, 건축, 의료, 사무직, 관리직 등에서 능력을 발휘하며 위기 상황에서도 안정되어 있습니다. 자신과 타인의 감정과 기분을 배려하고, 타협안을 고려하는 노력이 필요합니다.

ISFJ "임금 뒤편의 권력형"

조용하고 차분하며 친근하고 책임감이 있으며 헌신적인 아이

책임감이 강하고 온정적, 헌신적이고 침착하며 인내력이 강합니다. 타인의 사정을 고려하며, 자신과 타인의 감정에 민감하고, 일 처리에 있어 현실 감각을 가지고 실제적, 조직적으로 처리합니다. 경험을 통해 자신이 틀렸다고 인정할 때까지 밀고 나가는 유형입니다. 타인의 관심과 관찰력이 필요한 분야, 의료, 간호, 교직, 사무직, 사회사업에 적합합니다. 독창성이 요구되며 타인에게 자신을 명확하게 표현하는 훈련이 필요할 때가 있습니다.

ISTP "백과사전형"

과묵하며 상황 파악 능력과 도구를 조작하는 능력이 뛰어난 아이

말이 없으며 객관적으로 인생을 관찰하는 유형입니다. 필요 이상으로 자신을 발휘하지 않으며 일과 관계되지 않는 이상 어떤 상황이나 인간관계에 뛰어들지 않습니다. 가능한 에너지 소비를 하지 않으려 하고, 사실적 자료를 정리하고 조직하기 좋아하며, 기계를 만지거나 인과 관계, 객관적 원리에 관심이 많습니다. 연장, 도구, 기계를 다루는 데 뛰어나고 사실들을 조직화하는 재능이 많으므로 법률, 경제, 마케팅, 판매, 통계 분야에 능력을 발휘합니다. 민첩한 상황 파악 능력이 있고, 느낌이나 감정 표현을 어려워하기도 합니다.

ISFP "성인군자형"

다정하고 온화하며 친절하고 연기력이 뛰어나며 겸손한 아이

말없이 다정하고 친절하지만, 상대방을 잘 알게 될 때까지 따뜻함을 잘 드러내지 않습니다. 모든 성격 유형 중 자기 능력에 대해 가장 겸손합니다. 동정적이며, 개방성, 융통성, 적응력, 관용성이 많습니다. 자기 생각이나 가치를 타인에게 강요하지 않으며 반대 의견이나 충돌을 피하고 화합을 중시하는 유형입니다. 인간관계에서 감정에 지나치게 민감하고, 결정력과 추진력이 필요할 때가 많습니다.

INFJ "예언자형"

인내심이 크고 통찰력, 직관력이 뛰어나며 화합을 추구하는 아이

창의력, 통찰력이 뛰어나며 말없이 타인에게 영향을 주는 유형입니다. 독창성과 내적 독립심이 강하며, 확고한 신념과 열정을 가진 정신적 지도자들이 많습니다. 강한 직관력과 사람 중심의 가치를 중시하는 분야, 성직, 심리학, 심리 치료와 상담, 예술과 문학 분야에 적합하며 순수 과학, 연구 개발 분야에서 새로운 시도를 좋아합니다. 몰두하는 경향이 강해 주변 조건들을 경시하기 쉽고, 내적 갈등이 많습니다. 내면의 반응을 남과 공유하기 어려워합니다.

INTJ "과학자형"

독창성, 창의력과 분석력이 뛰어나며 내적 신념이 강한 아이

행동과 사고에 있어 독창적이며 강한 직관력을 지니고 있습니다. 자신이 가진 영감과 목적을 실현하려는 의지와 결단력, 냉철한 분석력과 인내심을 가지고 있습니다. 자신과 타인의 능력을 중요시하며, 목적 달성을 위해 시간과 노력을 바쳐 일합니다. 직관력과 통찰력이 활용되는 분야, 과학, 엔지니어링, 발명, 정치, 철학 분야 등에서 능력을 발휘합니다. 일과 사람의 사실적인 면을 보려는 노력이 필요하며 타인의 감정과 관점에 귀 기울이는 것이 바람직합니다.

INFP "잔다르크형"

정열적이고 충실하며 소박하고 낭만적이며 내적 신념이 깊은 아이

마음이 따뜻하고 조용하며 관계나 사람에 대해 책임감이 강하고 성실합니다. 이해심이 많고 관대하며 이상에 대한 정열적 신념을 가졌고, 남을 지배하거나 좋은 인상을 주고자 하는 경향이 거의 없습니다. 완벽주의 경향이 있으며 노동의 대가를 넘어 자신이 하는 일에 흥미를 찾고자 합니다. 인간 이해와 복지에 기여하기를 원하며 언어, 문학, 상담, 심리학, 과학, 예술 분야에서 능력을 발휘합니다. 이상과 현실이 안고 있는 실제 상황을 고려하는 능력이 필요합니다.

INTP "아이디어 뱅크형"

조용하며 논리와 분석으로 문제를 해결하기 좋아하는 아이

과묵하나 관심 있는 분야에 대해서는 말을 잘하고 이해가 빠른 편입니다. 높은 직관력으로 문제를 통찰하고, 지적 호기심이 많습니다. 개인적 인간관계, 친목회, 잡담 등에 별로 관심이 없으며 분석적, 논리적, 객관적 비평을 잘합니다. 지적 호기심을 발휘할 수 있는 순수 과학, 연구, 수학, 엔지니어링 분야나 추상적 개념을 다루는 경제, 철학, 심리학 분야를 좋아합니다. 지나치게 추상적이고 비현실적이며 사교성이 결여되기 쉽고, 자신의 지적 능력을 과시하는 경향이 있어 거만하게 보일 수 있습니다.

ESTJ "사업가형"

현실적, 사실적이며 활동을 조직화하고 처리하는 지도력이 있는 아이

실질적이고 현실 감각이 뛰어나며, 일을 조직하고 계획하여 추진시키는 능력이 있습니다. 기계, 행정 분야에 재능을 지녔으며 체계적으로 사업이나 조직체를 끌어 나갑니다. 미래의 가능성보다 현재의 사실을 추구하기 때문에 현실적, 실용적인 면이 강합니다. 타고난 지도자로서 일의 목표를 설정하고, 결정하고 이행하는 지도력이 있습니다. 결과를 눈으로 볼 수 있는 일, 사업가, 행정 관리, 생산, 건축 등의 분야에서 능력을 발휘합니다. 속단 속결하는 경향과 업무 위주로 사람을 대하는 경향이 있으므로 인간 중심의 가치와 타인의 감정을 충분히 고려해야 합니다.

ESFJ "친선도모형"

마음이 따뜻하고 이야기하기 좋아하며 양심이 바르고 화합을 잘 시키는 아이

동정심이 많고 다른 사람에게 관심을 쏟으며 화합을 중요하게 생각하는 유형입니다. 타고난 협력자로서 동료애가 많고 친절하면서 능동적이며 이야기하기를 즐깁니다. 정리 정돈을 잘하고 참을성이 많으며 타인을 잘 도와줍니다. 사람을 다루고 행동을 요구하는 분야, 교직, 성직, 판매, 동정심이 있어야 하는 간호나 의료 분야에 적합합니다. 일이나 사람들에 대한 문제에 대해 냉철한 입장을 취하기 어려워합니다. 반대 의견에 부딪혔을 때나 자신의 요구가 거절당했을 때 상처를 받습니다.

ESTP "수완 좋은 활동가형"

현실적인 문제해결에 능하며 적응력이 강하고 관용적인 아이

사실적이고 관대하며, 개방적이고 사람이나 일에 대한 선입견이 없는 유형입니다. 강한 현실 감각으로 타협책을 모색하고 문제해결능력이 뛰어납니다. 적응을 잘하고 친구를 좋아하며 긴 설명을 싫어하고, 운동, 음식, 다양한 활동처럼 보고, 듣고 만질 수 있는 생활의 모든 것을 즐깁니다. 순발력이 뛰어나며 기억을 잘하고, 예술적 멋과 판단력을 지니고 있으며, 연장이나 재료를 다루는 데 능숙합니다. 논리 분석적으로 일을 처리하고, 추상적 아이디어나 개념에 대해 흥미가 없습니다. 엔지니어링, 경찰직, 요식업, 신용 조사, 마케팅, 건강 공학, 건축, 생산, 레크리에이션 등이 적합합니다.

ESFP "사교적인 유형"

사교적이고 활동적이며 수용적이고 친절하며 낙천적인 아이

현실적이고 실제적이며 친절합니다. 어떤 상황이든 잘 적응하며 수용력이 강하고 사교적입니다. 주위의 사람이나 일어나는 일에 대해 관심이 많으며 사람이나 사물을 다루는 사실적인 상식이 풍부합니다. 물질적 소유, 운용 등의 실생활을 즐기며 상식과 실제적 능력이 있어야 하는 분야, 의료, 판매, 교통, 유흥업, 간호직, 사무직, 감독직, 기계를 다루는 분야를 선호합니다. 때로는 수다스럽고, 깊이가 결여되거나 마무리를 등한시하는 경향이 있으나, 조직체나 공동체에서 밝고 재미있는 분위기를 조성하는 역할을 잘합니다.

ENTJ "지도자형"

열성이 많고 단호하며 솔직하고 지도력과 통솔력이 있는 아이

활동적이고 솔직하며 결정력과 통솔력이 있고, 장기적 관점에서 전체적으로 분석하고 파악하는 것을 좋아합니다. 지적 자극을 주는 새로운 아이디어에 높은 관심을 가집니다. 일 처리에 있어 사전 준비를 철저히 하며, 논리적, 분석적으로 계획하고 조직하여 체계적으로 추진해 나가는 것을 좋아합니다. 타인의 의견에 귀를 기울일 필요가 있으며 자신과 타인의 감정에 충실할 필요가 있습니다. 누적된 감정이 크게 폭발할 가능성이 있으므로 자신의 느낌이나 감정을 인정하고 표현하는 것이 중요하며 성급한 판단이나 결론을 피해야 합니다.

ENFJ "언변능숙형"

따뜻하고 적극적이며 책임감이 강하고 사교성이 풍부하고 동정심이 많은 아이

동정심이 많고 사교적이며 화합을 중시하고 참을성이 많습니다. 타인의 생각이나 의견에 진지한 관심을 가지고 공동선을 위해 타인의 의견에 대체로 동의합니다. 현재보다는 미래의 가능성을 추구하며 편안하고 능란하게 계획을 제시하고 집단을 이끌어 가는 능력이 있습니다. 사람을 다루는 교직, 성직, 심리 상담 치료, 예술, 문학, 외교, 판매에 적합합니다. 때로는 타인의 좋은 점을 지나치게 이상화하고 맹목적 충성을 보이는 경향이 있으며 타인에 대해서도 자기와 같을 것이라고 생각하는 경향이 있습니다.

ENFP "스파크형"

정열적이고 활기 넘치며 재능이 많고 상상력이 풍부한 아이

온정적이고 창의적이며 새로운 가능성을 찾고 시도하는 유형입니다. 문제해결에 재빠르고 관심이 있는 일은 무엇이든지 수행해 내는 능력과 열성이 있습니다. 타인에게 관심을 쏟으며 사람들을 잘 다루고 뛰어난 통찰력으로 도움을 줍니다. 상담, 교육, 과학, 저널리스트, 광고, 판매, 성직, 작가 등의 분야에서 재능을 보입니다. 반복되는 일상적 일을 참지 못하며, 하나의 일을 끝내기도 전에 몇 가지 다른 일을 벌이는 경향이 있습니다. 통찰력, 창의력이 요구되지 않는 일에는 흥미를 느끼지 못합니다.

ENTP "발명가형"

창의력이 풍부하며 넘치는 상상력으로 새로운 일에 도전하는 아이

길게 설명하거나 한 번 들은 이야기를 또 듣는 것을 싫어합니다. 다양한 부분에 관심이 많고 이해력이 높습니다. 관심 분야는 매우 잘 알지만, 관심이 없는 부분은 거의 알지 못합니다. 동시에 여러 가지 일을 빠르게 처리하는 능력이 있지만 끈기 있게 하나의 일을 처리하고 마무리하지는 못합니다. 의사소통 능력이 탁월하고 새로운 것을 빨리 흡수하므로 비즈니스 분야, 프로젝트 관리자, 변호사, 판사, 심리학자, 외과 의사, 재무 상담사, 마케팅, 컨설턴트에 적합합니다. 현실성을 기르고 일상 규범을 잘 지키는 노력이 필요합니다.

성격 유형별 학습법

한국 직업능력 연구원은 인적자원개발 및 평생직업교육훈련에 관련된 국내외 정보를 제공하는 동향지에서 〈자녀성격 유형별 학습 방법(MBTI 성격 유형을 중심으로)〉이라는 자료를 공개했습니다. 각 MBTI 성격 유형별로 학습 선호도와 관련된 장·단점이 효율적인 학습을 위해 어떻게 적용될 수 있는지를 살펴보면 다음과 같습니다.

[한국 직업능력 연구원 참고]

ISTJ "세상의 소금형"

- 실제적이고 실용적인 분야를 선호하며, 구체적인 자료와 지침, 실질적 사례가 뒷받침될 때 학습 효과가 증대됩니다.
- 혼자 반영해 보고 생각할 시간적 여유를 주는 활동에서 학습 효과가 배가 됩니다.

ISFJ "임금 뒤편의 권력형"

- 타인과의 활동 시 우호적이고 추진력이 강한 유형으로, 협동적인 그룹 활동 과제를 선호합니다.
- 학습에 대한 분명한 결과와 정답이 있는 과제 수행 시 학습 효과가 증대됩니다.

ISTP "백과사전형"

- 과묵하며 객관적·독립적인 유형으로, 구체적이고 실제적인 결과를 얻을 수 있는 수업 방식을 선호합니다.
- 사물의 기술적 특징이나 기능들에 초점을 맞춘 수업을 좋아하며 실습이 많고, 관찰할 수 있는 수업 방식을 선호합니다.

ISFP "성인군자형"

- 협동적 경향이 강하며 목표를 달성함에 있어서도 융통성이 있고 여유롭게 임하는 유형으로, 학습 내용이 일상생활에 연계되는 경우 학습 효과가 증대됩니다.
- 격려를 통해 활동에 동기 부여를 받고, 개념 학습이나 추상적인 내용을 학습할 때 학습 효과가 감소합니다.

INFJ "예언자형"

- 과제물을 기일에 맞추어 완수하는 유형으로, 독서와 토론을 즐기고, 개념적·이론적 수업 방법을 선호합니다.
- 구체적인 사례가 머릿속 추상적 관념과 연결될 때 학습 효과는 배가 됩니다.

INTJ "과학자형"

- 독립적이고 독창적이며 추진력이 강한 유형으로, 자신만의 접근법을 고안하는 학습법을 선호합니다.
- 자신의 흥미 영역과 연관된 분야를 선호하며 새로운 이상과 사고를 추구합니다.

INFP "잔다르크형"

- 창의력이 뛰어나 융통성과 창조성을 발휘할 수 있는 과목을 선호하며 관심 있는 분야에는 깊게 매진하는 반면, 관심 밖의 분야에는 무관심합니다.
- 과제를 차분하게 읽고 과제의 주어진 틀 속에서 독창성을 발휘하는 수업 방법을 선호합니다.

INTP "아이디어 뱅크형"

- 독창적인 아이디어가 많지만, 과묵한 성격으로 모임에는 관심이 없고 혼자만의 지적 호기심을 채우고 자율적으로 학습하는 과정을 선호합니다.
- 다른 사람의 생각에서 논리적 결함을 발견하고, 이를 분석한 후 후속 연구에 대한 아이디어를 발견합니다.

ESTJ "사업가형"

- 구체적이고 현실적인 유형으로, 직접적인 보상, 야외 여행, 실험 등 활발하게 몰입할 수 있는 활동을 선호합니다.
- 목표가 분명하게 제시되고, 구조화된 상태에서 학습 효과가 증대됩니다.

ESFJ "친선도모형"

- 구체적인 사실, 그들이 기대할 수 있는 것이 무엇인지 알 수 있는 구조화된 학습 환경을 선호합니다.
- 직접 경험, 현장 학습, 실험, 집단 연수와 같은 활동 시 학습 효과가 증대되고, 다른 이들과 개인적으로 관련될 수 있는 학습 방법을 선호합니다.
- 사람들과 삶에 대해 연구하기를 즐기고, 대개 이론적이고 추상적인 문제에는 흥미가 없습니다.

ESTP "수완 좋은 활동가형"

- 재주가 많고, 항상 즐거움을 추구하지만, 실용적이고 보수적인 가치관을 가진 유형으로, 관찰, 직접 경험 등의 활동을 선호합니다.
- 즉각적 보상이 주어지거나, 수업 주제가 흥미와 직결되고, 수업 결과가 현실적이며 설명들이 명확할 때 학습 효과가 증대됩니다.
- 칠판에 적힌 대로 그대로 따라 하기, 책상에 앉아서만 하는 강의식 수업에서는 학습 효과가 감소합니다.

ESFP "사교적인 유형"

- 구체적인 표현이나 협동적 작업에 능한 유형으로, 강의식 수업보다는 직접 경험, 관찰, 상호작용하면서 토론하는 활동적인 학습 환경을 선호합니다.
- 주변의 격려, 특히 교사의 격려가 중요한 역할을 하며, 구체적이고 단순하며 명확한 지시가 필요합니다.

ENTJ "지도자형"

- 열정적이고 단호하며, 주도적이고 비판적인 유형으로, 비평, 문제해결 등의 과제를 선호합니다.
- 다양한 교재를 활용한 강의, 집단 활동을 병행할 때 학습 효과가 증대됩니다.

ENFJ "언변능숙형"

- 사교성이 많고, 표현력이 풍부한 유형으로, 사람과 관련된 주제, 즉 욕구나 소망, 특질 등을 다루는 과목을 선호합니다.
- 강의 주제에 관해 상호의사를 교환하고 나누는 협동적 학습 환경에서 학습 효과가 증대됩니다.

ENFP "스파크형"

- 정열적이고 활기가 넘치며 직관적이고 창의적인 유형으로, 조사, 비교 연구, 탐구 등을 통해 상상력과 독창성이 발휘될 수 있는 과목을 선호합니다.
- 관찰, 독서, 경청, 타인과의 상호작용 등 다양한 수업 방법이 적용될 때 학습 효과가 증대됩니다.

ENTP "발명가형"

- 토론을 즐기고 발표력이 뛰어나지만, 아는 것을 꼭 보여야 한다고 생각하지 않아 시험이나 숙제를 등한시하기도 하고, 반대로 강한 경쟁심을 갖고 적극적으로 응하기도 하는 유형입니다.
- 관심 분야에 대해 자신만의 시간 계획이나 방법을 사용하여 독립적으로 연구하기를 선호합니다.
- 단순 암기식 학습법을 싫어하지만, 하나의 개념을 다른 것과 연결하는 질문이나 시험에서 탁월한 능력을 발휘하기도 합니다.

주요 과학 대회 개최 요강

전국과학전람회

- **(목적)** 과학기술에 대한 심도 있는 연구 활동을 장려하여 과학탐구심 함양 및 과학기술발전에 기여

- **(주최 · 주관)** 과학기술정보통신부/국립중앙과학관

- **(출품부문)** 물리, 화학, 생물, 지구 및 환경, 산업 및 에너지(SW · IT 융합 분야* 포함) 등 총 5개 부문(「전국과학전람회규칙」 제4조)
  * SW 또는 IT 분야가 융합되어 있는 부분

- **(출품자격 및 형태)** 「전국과학전람회규칙」 제5조
  - (학생부) 전국 초 · 중 · 고 재학생(「초 · 중등교육법」 제2조에 의한 학교)
  - (교원 및 일반부) 유치원 · 초 · 중 · 고등학교 교원 및 일반인
  - 개인(1인) 또는 팀(2인 이상 3인 이내)으로 구성
    ※ 학생부 참가의 경우에는 교원 1인이 반드시 포함되어야 함
    ※ 1인 1 작품 출품을 원칙으로 하며, 최대 2점까지 출품가능하나 그중 1 작품은 반드시 단독 출품해야 함

- **(원서접수 및 심사)** 홈페이지 참고
  - 원서접수: 9월, 작품요약서(A4 1매), 작품설명서(A4 30쪽 이내) 출품
  - 1차(서면) 심사: 9월~10월 초, 작품설명서(요약서 포함)에 의한 서면심사

– 2차(면담) 심사: 10월, 작품에 대한 설명, 질의응답 등을 통한 면담심사
  ※ 면담심사 시 작품설치: 설명차트(120cm×130cm), 탐구과정을 보여주는 결과물, 최종 완성품, 출품자가 직접 기록한 과학탐구일지

- **(대회 진행 절차)** 지역 대회
  – 학생부 및 교원부는 각 시·도 교육청이 주최하는 과학전람회 지역 대회를 반드시 거쳐야 하며, 전국 대회의 지역 대회 출품사항은 동일해야 함을 원칙으로 함
  – 일반인 및 해외 한국학교 학생은 지역 대회를 거치지 않으나 국립중앙과학관이 주관하는 예선심사를 받아야 함
  – 지역대회는 시·도별 자체일정에 따라 진행되며 자세한 사항은 해당 시·도 지역 대회 주관기관에 문의

★ 위 내용은 과년도 전국과학전람회 개최 요강을 참고하여 작성했습니다. 자세한 일정과 세부 요강은 국립중앙과학관 사이트를 방문하여 확인하시기 바랍니다.

자유과학탐구대회

- **(목적)**
  – 과학에 대한 관심과 흥미를 가지고 학습하는 자기 주도적 과학탐구능력 신장
  – 다양한 과학탐구와 체험활동을 통해 과학탐구력과 창의력 및 과학적 핵심역량 함양
  – 과학 원리를 적용하여 생활 속 문제를 창의적으로 해결하는 창의·융합능력 신장

- **(주최·주관)** 한국과학교육단체총연합회

- **(대상 및 참가 방법)**
  – 대상: 초등학교 5~6학년, 중학교 1~2학년, 고등학교 1~2학년 학생
  – 참가 방법: 과학창의대회 홈페이지에 지도교사가 접수

- **(일시 및 장소)** 홈페이지 참고
  – 예선 대회: 7월
  – 전국 대회: 8월
  – 시험 장소: 학생의 소속 학교 소재 시·도 과교총이 지정하는 곳

- **(심사 방법)**
  - 예선 대회: A4 용지 5쪽 이내, 탐구보고서 pdf 파일 작성 후 제출
  - 전국 대회: 제출한 보고서를 중심으로 발표

〈보고서 서식〉

- 위 여백 25mm, 왼쪽 · 오른쪽 · 아래 여백 20mm
- 본문 글자 크기 11point, 줄 간격 160%
- 표지 없이 첫 페이지 제일 위쪽에 학교명, 학년, 이름을 적을 것
- 반드시 컴퓨터를 이용하여 작성하며 그림, 사진, 표 등 이용 가능
- 탐구 주제 또는 제목, 탐구 기간, 탐구 동기, 탐구 방법, 탐구 내용 및 결과, 탐구를 통해 알게 된 점 또는 결론이 포함되어야 함 (이 외에 탐구 가설, 이론적 배경, 참고문헌 등을 포함할 수 있음)
- 보고서 끝에 지도교사의 지도내용을 5행 내외로 개조식으로 간단히 서술할 것
- 분량: 본문 A4 용지 5쪽 이내

★ 위 내용은 과년도 자유과학탐구대회 개최 요강을 참고하여 작성했습니다. 자세한 일정과 세부 요강은 한국과학교육단체총연합회 사이트를 방문하여 확인하시기 바랍니다.

한국과학창의력대회

- **(목적)**
  - 4차 산업혁명을 능동적으로 이끌어 갈 창의성과 리더십을 가진 창의융합 인재를 육성
  - 과학적으로 사고하는 능력과 창의적으로 문제를 해결하는 창의 · 융합과학적인 사고력을 신장

- **(주최 · 주관)** 한국과학교육단체총연합회

- **(대상 및 참가 방법)**
  - 대상: 초등학교 4~6학년, 중학교 1~3학년, 고등학교 1~3학년 학생
    ※ 참가 희망자는 소속 학교장의 추천을 받아 참가신청서를 제출하며, 추천은 학교별 3명까지 가능
  - 참가 방법: 과학창의대회 홈페이지에 학교장 추천서를 pdf 파일로 접수

- **(일시 및 장소)** 홈페이지 참고
  - 접수 기간: 6월
  - 예선 대회: 6~7월
  - 전국 대회: 7~8월
  - 시험 장소: 학생의 소속 학교 소재 시·도 과교총이 지정하는 곳

- **(심사 방법)**
  - 예선 대회: A4 용지 5쪽 이내, 탐구보고서 pdf 파일 작성 후 제출
  - 전국 대회: 제출한 탐구보고서를 중심으로 10분 발표, 5분 질의응답

〈탐구 보고서 서식〉

- 위 여백 25mm, 왼쪽·오른쪽·아래 여백 20mm
- 본문 글자 크기 11point, 줄 간격 160%
- 표지 없이 첫 페이지 제일 위쪽에 학교명, 학년, 이름을 적을 것
- 반드시 컴퓨터를 이용하여 작성하며 그림, 사진, 표 등 이용 가능
- 탐구 주제 또는 제목, 탐구 기간, 탐구 동기, 탐구 방법, 탐구 내용 및 결과, 탐구를 통해 알게 된 점 또는 결론이 포함되어야 함 (이 외에 탐구 가설, 이론적 배경, 참고문헌 등을 포함할 수 있음)
- 분량 : 본문 A4 용지 5쪽 이내

★ 위 내용은 과년도 한국과학창의력대회 개최 요강을 참고하여 작성했습니다. 자세한 일정과 세부 요강은 한국과학교육단체총연합회 사이트를 방문하여 확인하시기 바랍니다.

영재교육원 진학 안내

1 영재교육원 개관과 대비 전략

영재교육원 개관 Q&A

Q. 대학 부설 영재교육원과 교육청 영재교육원의 차이는 무엇인가요?

A. 제가 생각했을 때 대학 부설 영재교육원이 대부분 더 좋다고 할 수 있습니다. 대학 부설 영재교육원은 대학 교수님 주관으로 진행하고, 교육청 영재교육원은 영재 담당 선생님이 진행합니다. 교육청 영재교육원은 기본 과정, 대학 부설 영재교육원은 심화·사사 과정을 담당합니다.

Q. 어느 영재교육원이 들어가기 어렵나요?

A. 대부분 대학 부설 영재교육원이 더 합격하기 어렵습니다. 대학 부설 영재교육원은 9~11월, 교육청 영재교육원은 11~12월에 선발합니다. 먼저 선발하는 대학 부설 영재교육원에 대부분의 학생들이 지원하고 상대평가로 합격이 결정되므로 경쟁률이 높고 합격하기 어렵습니다.

Q. 대학 부설 영재교육원은 수준이 다른가요?

A. 대학 부설 영재교육원은 대부분 수업 수준과 경쟁률이 높습니다. 대학 부설 영재교육원을 준비하는 학생이라면 대학마다 다르지만 1~2개 학년을 더 공부하는 것이 유리합니다.

Q. 선발 요강은 어떻게 다른가요?

A. 대학 부설 영재교육원은 대학마다 다양한 유형으로 진행됩니다.

> 1단계 서류 전형으로 자기소개서, 영재성 입증 자료
> 2단계 지필평가(창의적 문제해결력검사, 영재성판별검사, 창의력검사 등)
> 3단계 심층면접(캠프전형, 토론면접 등)
> ※ 지원하고자 하는 대학 부설 영재교육원 모집 요강을 꼭 확인해 주세요.

교육청 영재교육원은 지역마다 다양한 유형으로 진행됩니다.

> GED 지원단계 자기보고서 포함 여부
> 1단계 지필평가(창의적 문제해결력검사(평가), 영재성검사 등)
> 2단계 면접평가(심층면접, 토론면접 등)
> ※ 지원하고자 하는 지역의 교육청 영재교육원 모집 요강을 꼭 확인해 주세요.

영재교육원 대비 전략 Q&A

Q. 학교생활 관리는 어떻게 하는 것이 좋을까요?

A. 담임교사 추천, 학교장 추천을 받기 위한 기본적인 관리가 필요합니다. www.neis.go.kr 에서 교내 각종 대회 대비 및 창의적 체험활동을 관리해 주세요. 또한, 교육부 독서교육종합지원시스템을 통해 독서 이력을 관리해 주세요.

Q. 교과 선행은 어느 정도가 적당한가요?

A. 학생의 학습 속도에 맞게 진행하는 것이 좋습니다. 주로 '교과 개념 교재 → 영재교육 심화 교재' 순서로 진행하는 것이 좋습니다. 현행 수준에 머물러 있기보다 학생의 학습 속도에 맞는 선행 및 속진을 하는 것을 추천합니다.

Q. 창의사고력 수학 · 과학 풀이 연습은 어떻게 해야 할까요?

A. 수학 · 과학 공통 사고력 문제와 융합 문제 풀이 연습을 하는 것이 좋습니다. 다양한 수학 · 과학 융합 문제를 풀어 보면서 두뇌 회전력과 창의사고력을 향상시켜 보세요.

Q. 지원 가능한 영재교육원 모집 요강은 어떻게 확인할 수 있을까요?

A. 영재교육원 모집 요강을 통해 지원 분야 및 전형 일정을 확인할 수 있습니다. 아직 모집 요강이 발표되지 않았다면 전년도 모집 요강을 참고하세요. 지역마다 학년별 지원 분야가 다른 경우가 있으니 유의해야 합니다.

Q. 지필 · 면접평가 대비는 어떻게 해야 할까요?

A. 지필평가의 경우, 평가 유형에 맞는 교재 선택과 서술형 답안 작성 연습이 필수적입니다. 기출문제와 다양한 문제들을 풀어 보면서 지필 · 면접평가를 대비해 보세요. 추가로, 안쌤 영재교육연구소 교재를 활용하여 필승 합격 전략을 습득할 수 있습니다.

면접평가는 기출문제를 통한 연습이 필수입니다. 면접 기출문제와 예상 문제에 자신만의 답변을 글로 정리하고, 말로 표현하는 연습을 진행합니다. AI 면접 프로그램을 활용하여 영재교육원 실전 연습을 해 봅니다.

Q. 캠프 전형 대비는 어떻게 해야 할까요?

A. 캠프 전형은 영재 학교 입시에서도 실시하는 것으로, 모둠 활동과 연구 활동에 필요한 과제 수행 능력, 탐구 역량, 리더십과 인성 등을 종합적으로 평가합니다. 구술 평가, 글쓰기, 탐구 설계 및 실험, 토론, 면접 등 다방면을 평가하지만, 가장 중요한 것은 탐구 역량입니다. 평소에 관심 있는 분야에서 적절한 탐구 주제를 정해 탐구 활동 및 보고서를 작성하는 연습을 해 보세요.

Q. 마지막으로 안쌤이 전하고 싶은 말이 있다면?

A. 가장 중요한 것은 부모가 아닌 학생의 꿈과 의지입니다. 늦었다고 포기하거나 대충 준비하지 말고 남은 기간 최선을 다해 열심히 공부한다면, 반드시 합격할 수 있을 것입니다.

2 영재교육원 모집 요강

서울시 교육지원청부설 영재교육원

- **(지역)** 동부, 서부, 남부, 북부, 중부, 강남서초, 강동송파, 강서양천, 동작관악, 성동광진, 성북강북

- **(모집 분야)**

구분	학년	분야				
		수·과학 융합	수학	과학	발명	융합 정보
초등	3	○	−	−	−	−
	4	−	○	○	○	−
	5	−	−	−	○	○
중등	6	−	○	○	○	○
	1	○	○	○	○	○

★ 운영 지역별 모집 분야 상이(지원은 지역별 관계없이 가능)

- **(전형 일정)**

일정	11.09.~11.14.	12.03.	02.16.
내용	서류 제출	창의적 문제해결력 및 면접평가	합격자 발표

★ 면접평가의 평가 요소를 지필평가 형식으로 전환하여 운영

★ 초등 3학년 지원자는 면접 없음

★ 초등 5학년 수학/과학 지원자는 초등연계과정 시험 없음으로 제외

★ 중등 2학년 수학/과학 지원자는 중등 2학년 과정 수료자만 지원가능으로 제외

★ 가장 최신 연도 일정을 기준으로 작성했으므로 상세 내용은 지역별 모집 요강 확인

부산광역시 교육지원청부설 영재교육원

- **(지역)** 서부, 남부, 북부, 동래, 해운대

- **(모집 분야)**

구분	학년	분야				
		수·과학 융합	수학	과학	발명	정보
초등	3	–	○	○	–	–
	4	–	○	○	○	○
중등	6	–	○	○	○	○
	1	–	○	○	○	○

★ 4학년, 중학교 1학년은 2년 과정

- **(전형 일정)**

일정	09.13.~09.22.	A형-10.13. B형-10.20.	12.03.	12.23.
내용	(1단계) 서류 접수	(1단계) 수행관찰검사	(2단계) 영재성 검사 및 창의적 문제해결 력검사	합격자 발표

★ 가장 최신 연도 일정을 기준으로 작성했으므로 상세 내용은 지역별 모집 요강 확인

서울교육대학교 과학영재교육원

- **(모집 분야)**

모집 분야	초등융합			중등융합	
	수학심화	과학심화	정보심화	수리정보심화	과학심화
지원 학년	초등 3, 4, 5학년			초등 6학년	
모집 인원	40명	60명	20명	20명	20명
사회통합 대상자	모집 분야별 정원의 10% 내외				

• (전형 일정)

일정	09.13.~09.16.	10.15.	~11.03.	11.05.	11.11.
내용	지원서 접수	(1차 전형) 창의적 문제 해결력검사	자기소개서 입력	(2차 전형) 심층면접	합격자 발표

★ 가장 최신 연도 일정을 기준으로 작성했으므로 상세 내용은 지역별 모집 요강 확인

부산대학교 과학영재교육원

• (모집 분야 및 정원)

모집 분야	초등심화과정		중등심화과정					
	수학	과학	수학	물리	화학	생물	지구· 환경 과학	IT· 수학 융합
지원 학년	초등 4~5		초등 6~중등 1					
모집 인원	20명	20명	20명	20명	20명	20명	20명	20명
사회통합 대상자	정원 내 10% 내외 선발할 수 있음							

• (전형 일정)

일정	10.17.~10.19.	11.09.	11.12.	11.25.
내용	지원서 접수	(1차 전형) 서류 평가, 합격자 발표	(2차 전형) 논리적 글쓰기, 심층면접	합격자 발표

★ 가장 최신 연도 일정을 기준으로 작성했으므로 상세 내용은 지역별 모집 요강 확인

인천대학교 과학영재교육원

• (모집 분야 및 정원)

모집 분야	초등심화과정	중등심화과정			
	융합반(4개반)	수학융합	물리융합	화학융합	생물융합
지원 학년	초등 4	초등 6			
모집 인원	64명 내외	16명	16명	16명	16명
사회통합 대상자	정원 내 10% 내에서 우선 선발할 수 있음				

• (전형 일정)

일정	09.01.~09.05.	09.14.~09.16.	10.29.	11.11.
내용	온라인 접수	(1차 전형) 온라인 재능탐색 검사	(2차 전형) 면접	합격자 발표

★ 가장 최신 연도 일정을 기준으로 작성했으므로 상세 내용은 지역별 모집 요강 확인

3 영재교육원 세부 절차 준비 요령

지필평가

지필평가 유형에는 영재성검사와 창의적 문제해결력검사가 있습니다.

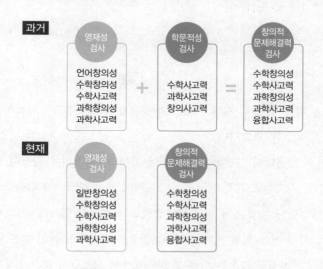

지역마다 실시하는 시험이 다르므로 지원하는 지역에 따른 유형을 잘 확인해야 합니다.

> 서울: 창의적 문제해결력검사
> 부산: 창의적 문제해결력검사(영재성검사 + 학문적성검사)
> 대구: 창의적 문제해결력검사
> 대전 + 경남 + 울산: 영재성검사, 창의적 문제해결력검사

영재교육원 대비를 위한 지필평가 파이널 공부 방법은 다음과 같습니다.

Step 1: 자기 인식

자가 채점으로 현재 실력을 확인해 주세요. 남은 기간을 효율적으로 준비하기 위해서는 현재 실력을 확인해야 합니다. 남은 기간이 많지 않아 걱정된다면 빨리 지필평가에 맞는 교재를 준비해 주세요.

Step 2: 답안 작성 연습

지필평가 대비의 가장 중요한 부분은 답안 작성 연습입니다. 모든 문제가 서술형이라서 아무리 많이 알고 있고, 답을 알더라도 답안을 제대로 작성하지 않으면 점수를 제대로 받을 수 없습니다. 꼭 답안 쓰는 연습을 해 주세요.

자기소개서

자기소개서는 자신을 소개하는 글입니다. 어떻게 자라왔고, 미래의 목표를 위해 현재 무엇을 하고 있으며, 장래 계획은 무엇인지 유기적으로 조합하여 서술해야 자신을 잘 드러낼 수 있습니다.

자기소개서는 꾸밈없이 진솔하게 작성해야 합니다. 거짓이나 과장이 들어 있으면 안 됩니다. 자기를 소개하는 글을 써 본 적이 없는 학생들이 갑작스럽게 자기소개서를 작성한다는 것은 굉장히 부담스럽고 어려운 일입니다. 그러나 자기소개서는 반드시 자신이 직접 써야 합니다. 스스로 작성하지 않고 다른 사람의 도움을 받아 글을 작성한 경우는 심층 면접 과정에서 고스란히 밝혀질 수밖에 없습니다. 그러므로 자기 자신을 잘 나타낼 수 있도록 평소에 글을 쓰고, 수시로 글을 수정하는 노력이 필요합니다.

자기소개서는 학생 생활기록부만으로는 평가할 수 없는 지원자의 능력을 더욱 객관적으로 세밀하게 파악하기 위한 방법입니다. 가정환경이나 성장 과정으로 개인의 성격과 가치관을 파악할 수 있으며, 지원 동기로 지원자의 열정과 장래성을 알 수 있습니다. 따라서 자기소개서에 일반적이고 추상적인 문구를 나열하기보다는 자신의 강점을 뒷받침하는 구체적 일화나 경험이 있으면 좋습니다.

자기소개서를 쓰기 전에 자신의 진로에 대한 확실한 목표를 정해야 합니다. 나는 왜 영재교육원에서 공부하고 싶은지, 영재교육원 수업이 나의 진로에 어떠한 도움이 되는지, 나는 장차 무엇이 되고 싶은지와 같이 진로에 대한 고민과 분명한 목표를 가지고 있으면 일관성 있는 자기소개서로 합격의 영광을 맛볼 수 있습니다. 진로에 대한 뚜렷한 목표가 있어야 성공에 대한 기대치가 크게 나타나며, 발전할 수 있게 만듭니다. 영재교육원에서도 목표 의식이 분명하고 진로에 대해 고민을 많이 한 학생을 선호하고 선발할 것입니다.

그렇다면, 합격하는 자기소개서는 어떻게 쓰는 것일까?

Step 1: 스토리텔링 기법을 활용하자.

스토리텔링 기법을 이용하면 자기 경험을 살려 면접관에게 진솔한 이야기를 들려줄 수 있고, 색다른 경험을 통해 나만의 독특한 이미지를 만들 수 있습니다. 다만, 자기소개서 전체를 이러한 사례의 나열만으로 작성해서는 안 됩니다. 자신의 강점이나 차별성을 잘 보여줄 수 있는 항목에만 적당한 양의 사례를 추가하는 것이 좋습니다.

Step 2: 자기소개서의 특징을 파악하자.

추상적 사건을 나열하기보다는 문항별로 적합한 내용을 적고, 전체적으로 일관된 내용으로 구성해야 합니다. 1~2가지 사례를 구체적으로 적어 읽는 이로 하여금 신뢰감이 생기고 감동하도록 해야 합니다.

Step 3: 성장 과정을 기록하자.

가족 구성원의 특성, 가정 분위기 및 집안의 자랑거리, 부모님으로부터 얻은 교훈과 깨달음 등을 적습니다. 단순히 나열하여 쓰기보다는 특별한 사건과 그로 인해 얻은 경험을 적는 것이 좋습니다. 처음 과학이나 수학에 흥미를 느낀 사례나 해당 분야와 관련 있는 집안의 분위기를 써도 좋습니다.

Step 4: 지원 동기를 구체적으로 적자.

지원 분야에 관심을 가지게 된 사건이나 계기, 관심 있는 분야에 관한 자신의 활동이나 노력 등을 구체적으로 적습니다. 이는 지원 분야에 대한 자신의 관심 정도와, 이를 위해 꾸준히 노력해 온 성실성을 보여줍니다. 단순히 영재교육원에 합격하는 것이 최종 목적이 아니라, 지원 분야를 공부해 나가는 과정에서 영재교육원이 더 큰 도움이 될 것이라는 흐름으로 적는 것이 좋습니다. 지원 동기에는 열정이 나타나야 하고, 앞으로 어떤 일들을 하고 싶다고 반드시 표현해야 합니다.

Step 5: 노력과 의미 있는 경험을 적자.

의미 있는 경험과 노력은 대부분 지원 동기와 연결됩니다. 지원 동기에서 노력과 활동을 하게 된 계기, 이유 등을 간단히 밝혔으므로 여기서는 의미 있다고 생각하는 활동과 자신의 노력 1~2가지를 골라 구체적으로 적어야 합니다. 활동의 내용뿐만 아니라 그 이후에 느낀 점이나 변화된 점을 적으면 더욱 좋습니다.

Step 6: 자신의 관심 분야를 적자.

관심 분야를 서술하는 문항은 지원 동기, 학업 계획, 진로 관련 문항과 유기적으로 연결되어야 합니다. 관심을 가진 계기나 이유를 사례로 작성하고, 이에 대한 근거로 독서나 체험 활동을 제시하고, 각종 대회에 참가한 경험이나 수상 경력을 간단히 언급하면 좋습니다. 일회성 대회 참가나 수상보다는 지속적인 참가와 수상이 더 신뢰를 줄 수 있습니다.

Step 7: 학업 계획과 진로를 적자.

학업 계획과 진로는 지원 동기와 연결되는 문항입니다. 지원 분야 중 관심 있는 분야와 진로를 먼저 제시하고, 자신이 이것을 이루기 위해 학업적으로 어떠한 계획을 하여 어떠한 활동을 하고 있는지 적습니다. 면접관들은 이 문항을 통해 지원하는 분야에 대한 심화 학습 정도를 알 수 있습니다.

Step 8: 장단점을 솔직하게 적자.

장점은 구체적으로 적어야 하고, 많은 내용을 장황하게 나열하는 것보다 유의미한 것을 1~2가지만 적는 것이 좋습니다. 지원 동기나 다른 문항에서 학업 역량에 관한 장점을 적었다면, 여기서는 열정, 노력, 끈기, 몰입도 등 인성적 측면을 강조하면 좋습니다. 자신의 장점이 크게 작용한 사례를 적어도 좋습니다. 단점은 이를 극복하기 위해 어떻게 노력하고 있는지를 사례로 적으면 강한 인상을 줄 수 있습니다.

Step 9: 자기소개서에 특별한 제목을 붙이자.

면접관들은 수십, 수백 개의 자기소개서를 읽습니다. 수많은 자기소개서 중에서 눈에 띌 수 있도록, 자신을 압축하여 잘 표현할 수 있는 제목을 붙여 봅니다.

Step 10: 키워드를 찾아 통일감 있게 쓰자.

자기소개서에는 다양한 항목이 있습니다. 항목별로 자신의 답변을 주요 키워드로 요약했을 때, 각 키워드가 일관적이며 관계성을 가지고 서로 연결되어 있어야 합니다. 아무리 좋은 글을 썼다고 해도 통일감이 없다면 진실성이 드러나지 않기 때문입니다. 자기소개서를 작성한 후에는 작성한 글이 매끄럽게 읽히는지 확인하고, 맞춤법 및 띄어쓰기를 확인해야 합니다. 여러 번 반복하여 읽어 보고, 수정·보완합니다.

면접

면접이란 얼굴을 맞대고 언어를 매개로 면접자와 지원자 간 상호작용을 통해 학생이 지닌 특성을 분석하는 방법입니다. 면접은 지필검사로 측정할 수 없는 지원자의 신체적 특성, 성격, 정서, 행동 특성을 직접 측정하는 데 목적이 있습니다. 면접의 객관성을 유지하기 위해 보통 면접자는 2인 이상입니다. 또한, 면접 및 구술시험은 크게 개인 면접, 집단 면접 그리고 집단 토론식 면접 3가지로 구분될 수 있습니다. 즉, 면접은 다양한 형태의 면접을 통해 지원자가 가지고 있는 특성들을 객관적 태도로 종합하여 평가하는 방법이라 할 수 있습니다.

면접은 최초 3분이 매우 중요합니다. 지원자는 이 최초의 시간 동안 면접관에게 좋은 인상을 주어야 합니다. 이때 어떤 자세와 태도를 가지고 있느냐에 따라 남은 시간의 활용과 발언 효과가 달라지기 때문입니다. 지원자는 긍정적인 정보를 먼저 말하는 것이 좋습니다. 면접관이 긍정적 정보를 먼저 접하면 그 이후의 답변을 수용적으로 평가하는 반면, 부정적 정보를 먼저 접하면 여기에 영향을 받아 평가에 부정적 영향을 주는 심리 오류를 범할 수 있기 때문입니다. 객관적 평가 기준이 존재하지만, 좋은 인상은 충분히 평가에 영향을 미칠 수 있습니다.

면접에서는 면접에 임하는 자세와 태도 또한 중요합니다. 면접 과정에서 다양한 질문과 응답이 오갈 것입니다. 이때 지원자는 응답 내용뿐만 아니라 면접에 임하는 자세와 태도를 통해서도 평가받게 되므로 여러 가지 측면을 준비해야 합니다. 먼저 지원자는 진지한 태도를 보이되 지나치게 경직되거나 긴장하지 않도록 마음의 여유를 갖고 안정된 상태를 유지하도록 노력해야 합니다.

면접은 보통 다음과 같은 순서로 진행됩니다.

대기 》 호출 》 입실 인사 》 면접관 인사
》 착석 》 질의응답 》 인사 》 퇴실

입실한 후 공손히 인사를 하고, 시선은 면접관을 향한 채로 소리가 나지 않도록 손을 뒤로 돌려 문을 살며시 닫습니다. 자리에 앉기 전에 다시 인사를 합니다. 면접이 끝나고 나올 때도 인사를 하고, 퇴실 전 다시 한번 인사하면서 문고리를 돌려 문을 살짝 닫아 소리가 나지 않도록 합니다. 인사를 하는 것은 기본 중의 기본입니다. 예의 바른 인상은 면접의 당락에 영향을 미칠 수 있습니다.

면접을 볼 때는 질문을 끝까지 잘 듣고, 질문을 제대로 듣지 못했을 경우 "~을/를 질문하시는 것이 맞습니까?"와 같이 묻고 질문을 확인한 후 답변합니다. 답변 시에는 생각을 잠시 정리한 뒤 정확하고 또렷하게 말하고 말꼬리를 흐리지 않습니다. 그리고 잘 알지 못하는 말, 불확실한 말, 비어, 속어 등을 사용하지 않고, 올바른 경어를 써야 합니다. 추가 질문을 받았을 경우 침착하게 면접관의 질문 의도를 파악하고, 앞서 대답한 내용과 일관성을 갖는 답변을 해야 합니다.

그렇다면, 면접은 어떻게 연습하는 것이 좋을까?

면접은 말로 하는 논술 시험이기 때문에 다양한 추가 질문이 가능합니다. 특히 심층 면접은 기본적인 교과 개념의 이해뿐만 아니라 문제를 어떻게 창의적으로 해결하는가에 대한 부분을 매우 중요하게 평가하는 시험입니다.

심층 면접을 준비하기 위해서는 초·중·고 교과서에 나오는 개념을 정확하게 이해하고 관련 용어들을 올바르게 구사할 수 있어야 합니다. 또한, 수학, 과학, 진로 등 관련 분야에 대한 끊임없는 관심과 흥미를 느끼고 역사적으로 유명한 수학, 과학 문제들을 찾아 살펴보아야 합니다.

이처럼 심층 면접은 하루아침에 준비할 수 있는 시험이 아닙니다. 하지만 그렇다고 해서 지나친 두려움을 가질 필요는 없습니다. 심층 면접은 대부분 모범 답안이 존재하지 않기 때문에 관련 분야에 대한 꾸준한 독서와 이해를 바탕으로 자기 생각을 분명하게 전달할 수 있으면 충분합니다. 꾸준히 관련 분야에 대한 관심을 두고 탐구한다면 반드시 좋은 결과를 얻을 수 있을 것입니다.

추가 자료 1: 면접 연습 순서

① 지원하는 학교의 인재상과 평가 하위 요소 및 세부 평가 요소를 파악합니다.
② 자기소개서에 작성한 내용을 바탕으로 주요 평가 요소를 확인합니다.
③ 면접에서 주어진 문제의 출제 의도를 파악합니다. 문제에 대해 충분히 이해한 후 신중하게 문제를 해결하기 위한 시도를 해야 합니다.
④ 실제 면접처럼 생각을 표현하는 연습을 해 봅니다. 이전에 출제된 예시문제에서 답안을 작성한 후, 실제 시험처럼 모의 발표해 보는 것도 좋습니다.
⑤ 작성한 답안을 실제 심층 면접과 같이 발표한 후, 교사나 학부모가 평가자로서 추가 질문을 한 후 학생들이 직접 자신의 답안을 수정해 봅니다.
⑥ 기출문제를 해결하는 데에 필요한 수·과학적 개념과 원리, 아이디어들을 알아보고, 연습하여 자기 지식으로 만들기 위한 노력을 합니다.
⑦ 기출문제와 유사하거나 좀 더 심화된 형태의 문제들을 추가로 해결해 봅니다.

추가 자료 2: 면접 질문 예시

① 학교생활에서 가장 열심히 도전했던 과제는 무엇인지 말해 보시오.
② 왜 그 과제에 도전하려고 했는지 말해 보시오.
③ 그 과제에 대한 도전을 통해 얻은 성과 혹은 효과는 무엇인지 말해 보시오.
④ 그 성과 혹은 효과는 자신에게 어떤 변화를 가져왔는지 말해 보시오.
⑤ 그 과제에 도전하는 과정에서 가장 힘겨웠던 점은 무엇이었는지 말해 보시오.
⑥ 힘겨웠던 점을 어떠한 방법으로 해결해 나갔는지 말해 보시오.
⑦ 그 과제에 도전하면서 가장 여러 가지로 연구를 했던 것은 무엇인지 말해 보시오.

추가 자료 3: 제출 서류 주요 확인 요소

① 나름대로 충분히 고려하여 도전한 과제가 있었는가? 자신이 도전하려고 한 것이 아니라 어쩔 수 없이 해야 했던 것은 아닌가?
② 충분한 가치와 의미가 있는 성과가 창출되었는가? 성과라 할 수 없는 성과, 의미 없는 성과는 아닌가?
③ 도전할 만한 어려운 과제였는가? 간단한 상황으로 누구나 해 볼 수 있는 것은 아닌가?

추가 자료 4: 제출 서류 관련 면접 예상 질문

지원자의 서술 내용에 따른 면접관의 질문을 예상하면 더 확실히 면접 대비를 할 수 있습니다. 서술 내용에 따른 면접관의 질문 예시는 다음과 같습니다.

지원자의 서술	면접관 질문 예시
사고방식, 원칙 저는 이렇게 생각합니다.	왜 그렇게 생각합니까? 어떤 행동을 했습니까?
결과, 성과 이런 결과/성과를 거두었습니다.	결과/성과를 내기 위해 특별히 노력한 것이 있습니까?
장래 희망 앞으로 이렇게 하고자 합니다.	그것을 이루기 위해서 지금까지 어떤 준비를 해 왔습니까?
행동 주체 불명확 함께 이렇게 했습니다.	본인은 어떤 역할을 수행했습니까?
상황 설명 이런 어려운 상황이었습니다.	상황을 어떻게 해결하려고 했습니까? 상황을 어떻게 해결했습니까?
비판 이런 것이 잘못되었다고 생각합니다.	고칠 수 있다고 생각합니까? 잘못된 점을 어떻게 고쳤습니까?

영재성 입증 자료

영재성 입증 자료는 지원자의 능력, 관심, 성취도를 나타내는 산출물입니다. 발명품, 실험 및 탐구일지나 기록, 수학·과학 블로그 운영 등이 이에 속하며, 지원자의 영재성과 잠재력을 입증할 수 있습니다. 영재성 입증 자료는 영재교육원이나 과학고를 준비하는 학생들에게 서류 전형에서 중요한 요소인 동시에 짧은 기간에 준비하기 어렵습니다. 그러므로 장기적 관점에서 독창적인 자료를 준비해 두는 것이 좋습니다.

그렇다면, 영재성 입증 자료는
어떻게 준비하는 것이 좋을까?

Step 1: 자신이 직접 작성하자.

서류 심사 중에 원본 확인이 필요하다 판단되는 경우, 추가 제출 요구가 있을 수도 있습니다. 그러므로 부족해 보일지라도 본인이 스스로 한 것을 제출해야 합니다.

Step 2: 자기소개서와 연결하자.

지원자의 특별한 장점과 영재성을 부각할 수 있어야 합니다. 자신을 어필할 수 있는 자료를 선택해 자기소개서 또는 추천서의 내용과 일관되게 작성해야 합니다.

Step 3: 일관되고 지속적인 자료가 열정을 보여준다.

영재성 입증 자료는 관심 영역에 대한 학습의 확장입니다. 1년 이상 한 분야에 대해 궁금했던 내용을 조사, 실험하는 등 다양한 방법으로 문제를 해결한 흔적이 드러난 자료나 관심 분야의 독서 기록물 등이 과제 집착력을 보여주기에 좋습니다.

Step 4: 결과보다는 과정을 부각하자.

자료의 결과만 제시하는 것보다 이를 완성하는 과정에서의 노력을 구체적으로 서술하는 것이 좋습니다. 그로부터 느끼고 배운 점, 경험을 바탕으로 고민한 미래의 모습, 목표의 변화 과정을 자세히 서술합니다. 경시대회의 수상 실적을 영재성 입증 자료로 제출하는 것은 안 되지만, 대회를 통해 탐구 결과를 소개하거나, 그것이 본인에게 어떤 의미가 있었는지에 대한 자료는 제출할 수 있습니다.

Step 5: 독창성과 진실성이 엿보이는 자료를 찾자.

독창적인 자료란 콜럼버스의 달걀처럼 '단순하고 쉬워 보여 누구나 쉽게 할 수는 있지만, 아무나 할 수 없는 문제'에 호기심을 가지고 다가선 것을 말합니다. 우리 주위의 현상을 관찰하고 호기심이 생기는 주제를 선택한 후, 원인을 조사하고 자신의 교육과정에 해당하는 지식으로 검증하는 과정을 다루는 것이 좋습니다.

Step 6: 영재성 입증 자료로 가능한 것을 찾자.

현재까지 공부한 내용에 대한 노력의 흔적을 보여줄 수 있는 자료를 찾아야 합니다. 평소 수학·과학에 얼마나 관심과 열정이 있는지를 증명하기 위해 꾸준히 작성한 대학 부설 영재교육원 탐구 활동, 학교 과학경진대회 등에서 발표한 탐구 자료, 실험, 관찰보고서, 각종 발명대회에 출품한 발명품, 과학 관련 체험 행사 및 캠프 등에 참가한 경험이나 수상 기록 등이 실린 신문 기사 스크랩, 집에서 진행한 관찰일지, 수학 및 과학 관련 도서 독후감, 영재교육원 및 영재학급에서 한 보고서 및 활동지 등이 해당합니다. 특히, 관찰 일기는 사고의 확장 과정을 보여주기에 좋습니다. 그 외에도 각 대회 출전 준비 과정 및 출전 경험을 기록해도 좋습니다. 어떤 노력을 했는지, 어떤 부분이 향상되었는지 기록합니다.

올림피아드와 같은 경시대회 입상 실적, 영재학급이나 영재교육원 수료증, 수학, 과학, 영어, 한자 등의 인증 시험 점수, 연속성이 없는 예전 자료 등은 영재성 입증 자료로 적합하지 않습니다. 또한, 단순히 수상 목록과 상장만을 제출하면 안되며, 다음과 같은 순서로 대회에서 탐구한 내용을 정리하면 좋습니다.

① 탐구 주제 선정 이유
② 탐구 동기
③ 알고 싶었던 점
④ 탐구를 통한 기대효과
⑤ 탐구 방법
⑥ 탐구 결과
⑦ 느낀 점과 더 알고 싶은 점

Step 7: 원본 및 산출물을 촬영한 사진을 첨부한다.

영재성 입증 자료는 서면으로 제작된 것이어야 합니다. 플라스틱 파일이나 외장 메모리 또는 입체적인 자료는 사진으로 대체합니다. 산출물을 뚜렷이 확인할 수 있도록 촬영해야 하고, 지원자와 함께 촬영된 사진이 포함되어야 합니다.

MEMO

SD에듀와 함께 꿈을 키워요!
www.sdedu.co.kr

안쌤, 영재들은 어떻게 공부해요?

초 판 발 행	2023년 05월 03일 (인쇄 2023년 03월 30일)
발 행 인	박영일
책 임 편 집	이해욱
저 자	안쌤 영재교육연구소
편 집 진 행	이미림 · 피수민 · 이여진 · 박누리별
표 지 디 자 인	조혜령
편 집 디 자 인	채경신 · 채현주
그 림	전성연
발 행 처	(주)시대고시기획
출 판 등 록	제10-1521호
주 소	서울시 마포구 큰우물로 75 [도화동 538 성지 B/D] 9F
전 화	1600-3600
팩 스	02-701-8823
홈 페 이 지	www.sdedu.co.kr
I S B N	979-11-383-4606-1 (03370)
정 가	17,000원

※ 이 책은 저작권법의 보호를 받는 저작물이므로 동영상 제작 및 무단전재와 배포를 금합니다.
※ 잘못된 책은 구입하신 서점에서 바꾸어 드립니다.